世界の独在論的存在構造

哲学探究2

永井均
Hitoshi Nagai

春秋社

はじめに

本書は、二〇一七年五月から二〇一八年四月までの一年間、十二回にわたってWeb春秋に連載したものに加筆修正を加え、さらに終章を新たに書き下ろしたものである。「この連載」、「今回」といった表現をそれぞれ「本書」、「本章」といった表現に置き換えるなど、連載時の表記法を適宜変更したほか、内容的にもいくつかの箇所で加筆修正をおこなったが、連載という方法で書いたことの名残りはあえてそのまま残した（たとえば、次の章に進んでから前章の議論に修正が加えられたりすることがある）。

連載の最初に、私は以下のような「はじめに」を書いている。

この連載は、『存在と時間——哲学探究1』（文藝春秋）の続編である。だから副題は「哲学探究2」とした。とはいっても、そこで論じられたことを前提として、その「続き」がなされる、というわけではない。すべてをもう一度、最初から始めるのである。すでに何度も論じた問題を、また新たな視点から、新たな組み合わせ方で、できるならより深く、論じるのである。だから読者は「哲学探究１」を読まずにこの「哲学探究２」から読み始められても、なんの不都合もない。

私にとって驚くべき、すなわち哲学すべき主題は、まずは、なぜかこの私という説明不可能な、例外的な存在者が現に存在してしまっている、という端的な驚きであり、次に、この不思議さを構造上（私でない）他人と共有できてしまう、という二次的な不思議さであり（それはまた、にもかかわらず問題の意味そのものが理解できない人が頭脳明晰な人のなかにもかなりいるという意外性でもあり）、そして最後に、本質的に同じ問題が私の存在以外のこと（たとえば今の存在や現実の存在といった）にもあてはまる、という再度の驚きである。本書の最終的な狙いは、この最後の点に照準を合わせて、それらに共通の構造を解明することにある。のではあるが、さしあたりは、そのことを念頭に置きつつも、問題の広がりと思考の可能性をできるかぎり広範に提示することを目指す。

これらの問題は、間違いなく実在するのだが、人類史において（私の知るかぎり）まだ一度も表立って徹底的に論じられたことがない。ともあれこういう問題が存在しており、そこからこういう思考の可能性が広がっているということを、可能なかぎり広範に、できるなら縦横無尽にと言えるほどに、書き残しておきたいと思う。……（以下略）……

本書で私が言っていることは、私がこれまで何度も言ってきたことをまた言っているとも言えるが、今回まったく初めて、まったく新しいことを言っているともいえる。ともあれ、今回もまたゼロから新たに考えて、書いた。

これと本質的に同じことを、私以外の人が言ったことがあるかどうか、私にはわからない。私自身はこれまで、同じ考え方に遭遇したことがないが、それは私の読書範囲が狭いか読解力が弱いせいだろう（と、少なくとも若いころはずっと思っていた）。しかし、私よりはるかに学識のある方々が、ときに、お前の言っていることを言った人はこれまで誰もいないという趣旨のことをおっしゃるので、ひょっとするとそうかもしれない（と、近年は思うようになった）。しかし、そうだとすれば、それは私にとって非常に意外でまた不思議なことである。というのは、ここで私が言っていることは、見落とすことなど不可能なほどあまりにも明々白々な真実であるからだ。なぜ人々がこのことを言わないのか（少なくとも言おうとしようしないのか）まったくもって不思議というほかはない。

というわけで、ここで言おうとしていること（の中核的部分）が真実であることは、私にとってもはや疑う余地がないのではあるが、言い方がまずくて――あまりにも自明なことであるにもかかわらず、あるいはそうであるがゆえに――伝わらない、という可能性は依然としてあるだろう。というのは、私はこれまで本質的に同じようなことを何度も言ってきたと思われるのだが、どういうわけか繰り返し繰り返し同じ種類の誤解にさらされてきたからである。誤解のパターンもすでに熟知しているので、そのパターンについての議論も構成して、近年ではそれもいっしょに述べるようにしているのだが、面白いことにそれを含めてまた同じ種類の誤解にさらされることになるのだ。

抽象的に言ってもわかりにくいだろうから、中島義道氏の近著『七〇歳の絶望』（角川新書）からその典型例を引いておこう。「永井さんの問題は、あらゆる形態における言語の限界の問題の一つである。言語は、まさに〈いま・ここ〉にのみ成立している「純粋な個物」には的中しえない。ヘーゲル的に言いかえると、「これ（定有）」は、「これは赤である」と語った瞬間に「これ」という純粋な個物を止揚（否定）して、「赤」という本質に吸収されてしまい、「この赤」という意味を担うことになる。まさに「これ」は「赤（一般）」ではなく、まさに「この赤」であるからこそ、「赤」であるのだ。ヘーゲルがよく見て取ったように、「赤（一般）」という本質の登場以前に、まず「この特定の赤」が登場して、次にそれが「赤（一般）」に包摂されるわけではない。むしろ「赤（一般）」の了解によってはじめて「これ」は「（この特定の）赤」という意味を得るのだ。こうして、〈これ〉も、〈ここ〉も、〈いま〉も、〈私〉と同じ構造を有している。だが、〈私〉の場合だけ特別な感じがするのは、〈私〉はそれぞれの「私」にとって最も切実なあり方だという実存的な観点によるのであろう。言いかえれば、言語を使用し語る者という独特のあり方によるのであろう」（一九五–六頁）。

これは中島氏の主張を述べている文であるから、これを間違いだと言うと、中島氏のこの主張を私が間違っていると批判しているように受け取る人がいるかもしれない。が、そうではない。

私が言っているのは、これはこれで正しい主張かもしれないが、私が問題にしているのはそのことではない、ということである。その意味で、これが永井が問題にしていることであると中島氏が信じているかぎり、それは百パーセント完全な間違いだといえるだけである。私は、まさにその問題ではない（それと混同されがちな）別の問題があるということを（おそらくはもう四十年にもわたって）主張してきた。どう違うかは本書を精読していただければ自ずと明らかであるとは思うが、ここでは対比のために細かい議論ぬきに私の見地を提示しておく。

まず第一に、私が論じている〈私〉と〈今〉の問題は、ここで中島氏が論じている「純粋な個物」の問題ではない。「この赤」や「この痛み」をめぐる問題は、ヘーゲルによってもウィトゲンシュタインによっても、その跡を継ぐ人々によっても、繰り返し論じられてきた。だが、その陰に隠れて見えなくなっている別の問題がある、というのが私が繰り返し言い続けていることである。それらを同一視しているヘーゲルの議論の誤りを、私は『存在と時間――哲学探究1』の第10章において主題的に論じた。それを読まれた直後に書かれている（一九五頁にそう書かれている）文章において、その議論が無視されているのは不可解というほかはない。繰り返して言うが、ここで私は、私のヘーゲル批判が正しく、中島氏のヘーゲルに依拠した主張が間違っていると言っているのではない。そうではなく、ヘーゲルの問題把握の仕方に対する賛否の違いにも表れているように、中島氏と私とではそもそも捉えている問題がまったく違うのだ、と言っているのである。

まず、「〈私〉の場合だけ特別な感じがするのは、……」が決定的な誤りである。〈私〉の場合だけが特別ではないからである。特別なのは〈私〉ではなく、〈私〉と〈今〉であり、それが「この赤」などの問題とは別の種類の問題を提示している、と私は繰り返し論じてきた。(中島氏の視野にはまったく入っていないようだが、もう一つの、そして最重要の類例は〈現実〉であり、このことから人称・時制・様相を貫く同一の問題をつかめないと、私が問題にしていることをつかむのはとても難しくなると思う。) したがって、もちろん、その後半の「実存的な観点」による説明もまったくの間違いである。私もまた「実存」という語を用いるが、それはあくまでも「本質」に対する「実存」という古典的な存在論の用法であって、中島氏のような実存哲学・実存主義に通じるような用法ではまったくない(私はむしろ実存哲学の「実存」の用法もこの問題の捉え損ないに基づく誤用法だと見ている)。そしてもし、この箇所の〈 〉と「 」という括弧の区別が私の区別に基づくものであるなら、「〈私〉はそれぞれの「私」にとって最も切実なあり方だ」などということはありえない。〈私〉は現実に一人しか存在せず(「一人しか」ではなく「現実に」がポイントである)、当然のことながら、それぞれの「私」の何らかのあり方などではありえないからである。

この最後の論点は、私の議論の最も基礎的=初歩的な部分なのだが、これに続く中島氏の論述はすべてこの誤解の上に乗って展開されている。何よりも意外なのは、その直後の論述も、二〇〇頁から始まる「続き」の議論も、すべて「ある有機体」についての議論になってしまっていることである。そこで主張されているその「ある有機体」と言語との関係についての中島説がすべて正しいとしても、その論は私が提起している問題には触れるところがない。そのことも、私はこれまでも繰り返し論じてきた。ある有機体と言語の関係の問題は、たとえ〈私〉が実存しなくても、まさにある（＝任意の）有機体にとって、存在してしまう問題であり、だからこそ、そこに〈私〉の実存が（まさに奇跡的に！）付け加わっても、そこで新たに生じる問題をそれとして捉えることができなくなるのだ、と。ここに異なる二つの問題が完全にぴったり重なって存在していること（これが「いびつな輻輳」である）を見て取ることができなければ、私の問題提起は少しも捉えられていないことになる。

　したがってもちろん、「永井さんの問題は、あらゆる形態における言語の限界の問題の一つである」という認定も間違いである。その種の問題は、〈私〉が存在しようがしまいが、そんなこととは無関係に、まさに「ある（＝任意の）有機体」と言語との関係において、すでに存在してしまう問題だからである。では、〈私〉の実存は、そこに何を付け加えるのか。これが現実性（主観性＝中心性と区別された）の問題であり、私の意味での「語りえぬこと」の問題である。語りえないのは、存在しても、しない場合と同じことしか語れないからである。

　だから当然、この問題は中島氏のように読み換えることがつねに可能なのである。きわめて初期のころから、私はそのことを「読み換えはつねにすでに始まっている」といったレトリックを使って語ってきた。読み換えは不可避なのだが、それを知らぬ間に実行してしまうのではなく、そこで何が起こるのかを見て取ること、すなわちそこでこそ哲学すること、それが要求されていることである。したがって、当然また、これを「読み換え」とは見ない可能性についてもすでに何度も論じてきたし、本書でもまた新たに論じている。ぜひそうした議論のレベルまですべて考慮に入れて、そのうえでこの議論を批判的に検討していただきたいと思う。ともあれまずは細部まで精確に読んでいただきたい。

細部まで精確にという点について、別のことも言っておきたい。中島氏の誤解は哲学の専門家によく見られるもので、それは要するに、何でも自分の関心事・自分の研究領域に引き付けて理解してしまい、どんなに精確に読んでも、自分がすでに持っている問題とは違う問題を読み取れなくなる、というものであって、私自身も身に覚えがある。しかし、哲学に関心を持つ初心者にはこれとはまた違う問題があるようだ。

それは、哲学的議論においては、細部まで精確に読めていないと、つまり途中に一文たりとも意味のわからない文が含まれていたなら、何も理解できていないことになる、ということがわかっていないということである。理解できない文を飛ばして、自分に理解できる箇所を自分の勝手な理解でつなげて、勝手な解釈を作ってしまう人が非常に多い。これは見方を変えれば、そもそも（意見ではなく）議論を読むという問題意識がない、ということでもある。あらゆる部分を平板に意見が述べられているものとして読んでしまい、文相互の、段落相互の、章相互の論理的連関を読み取ろうとはしない、ということである。しかし、そのような読み方ができなければ哲学的議論を理解することはできない。したがって、理解できない文が一つもなくなるまで読み込むことは読むことの最低条件である。

と言ったついでに、もう一つ注文を。理解できたなら、あるいは理解しようとしている途中でもそれと並行的に、この問題そのものを自分の頭で考え抜いていただきたい、と思う。私自身は最初からこの問いを考えており、この問いはたんに面白い哲学的問題の一つなどではなく哲学的問題とはじつはこれに尽きるといえるほどのものだと信じている。だれでも自然にそう思いそうなものなのに、だれもがこの問題が終わったところから出発していて、なぜかこの問いは問われてもいないようなのが不思議でならない。外国の流行＝伝統にばかり右顧左眄していないで、まだあまり考えられていない（らしい）この問題を素手で考えてみてはどうだろうか。すべての問題はこの視点から新たに考えなおせるだろう。

連載時のメイン・タイトルは「存在と意味」であったが、書籍として出版するにあたって、これを「世界の独在論的存在構造」に変えた。どちらも故廣松渉氏の著作名と繋がりがあるが、変更後のタイトルは氏の『世界の共同主観的存在構造』に対する批判を意図しているかのように受け取られかねない。が、まったくそうではない。私の議論はすべて共同主観性論と両立可能である。廣松氏のような形でなくても、共同主観性（に類するもの）を強調するタイプの議論は（なぜか）哲学の世界に蔓延しているが、私の議論はそのどれとも両立可能である。対立はそこにあるのではない。共同主観性の対立概念が個人主観性だとすれば、私の主張は、その二つの対立のような「のっぺりした」対立に対して、それらとは違う種類の問題がその外から嵌入することによって、われわれの世界は「いびつな」構造になっている、というものである。のっぺりした対立においてどちらの側に立つかは、どちらがどのようにいびつさを隠すかという点を除いては、私の関心事ではない。

世界の独在論的存在構造

目次

世界の独在論的存在構造

——哲学探究2

第1章

〈私〉の存在という問題の真の意味

私の存在の不思議さは物理主義的な世界像を前提にして提示されるのが普通である。たとえば、「人間はみな同じように脳や神経（といった物的なもの）があって、それらが感覚とか意識（といった心的なもの）を作り出しているはずなのに、なぜ現実にはこの一つだけしか感じられないのか？」というように。しかし、この問題の立て方は誤解を招きやすい。すでに問題の意味を理解している人にとっては、これでもその問題を喚起させるに十分な力があるのだが、そうでない人には問いの意味を誤解させてしまうことがありうる。

この問いかけは、みな同じ条件であるはずなのに、現実にはそのうち一つしか感じられないではないか、それはいったいなぜなのか、そのことには物理的な理由がないではないか、と言っている。しかし、その読み方を変えれば物理的な理由があると解することも可能だからである。その場合の物理的な理由は、たとえば、神経が繋がっていないからだ、といったものである。つまり、「なぜ現実にはこの一つしか感じられないのか」という問いを「なぜ（一般に）他人の意識は感じられないか」という意味に解したわけである。* 元来の問いの趣旨は「なぜこの一つしか感じられないのか」にあったのではなく、むしろ「なぜこの一つしか感じられないのか」に、つまり、一つだけであることにではなく、その一つの選択の根拠にこそあったのだが。

* とはいえここにも、たとえ神経をつなげても（いや何をしても）他者の感覚は感じることはできない、という哲学的な問題が隠れてはいる。神経をつなげて他者の感覚を感じてみても、感じた以上それは自分の感覚なのだから、それがその他者が感じている感覚と同じ感覚か違う感覚かはやはりわからないではないか、というわけである。ここには生理的な壁ではなく論理的な壁があるのだ、などと言われたりもする。しかし、その正体は、いままさにここで問われている問題そのものにある、というのが私の主張である。しかし、そのことはこの議論が終わってさらに累進構造について議論を経なければ語ることができない。（この問題は終章で主題的に論じられることになる。）

だから、この問いはむしろ「なぜ一つは現実に感じられるのか」と肯定的な形で問われるべきなのである。一つしかないことではなく、一つはあることこそが問われるべきことだからだ。とはいえ、そう問われたとしても、同じように誤解されることはなおありうるだろう。今度は、時間的な対比を導入することが駄目押しになるかもしれない。「百年前の人間たちも、みな同じように脳や神経があって、それらが感覚とか意識を作り出していたのに、なぜそれらのうちの一つも現実には感じられなかったのか？」。そしてまた、「百年後の人間たちも、みな同じように脳や神経があって、それらが感覚とか意識を作り出しているであろうが、それらのうちの一つも現実には感じられないとすれば、それはなぜか？」。これらの問いを付け加えられても、なお同じ誤解の線に沿って答えようとするなら、それは「百年前だって、百年後だって、やはり一つしか感じられなかったし、感じられないだろう。現状もそれと同じことだ」となるはずである。これは、(「この」を取った)「なぜ現実には一つしか感じられないのか」という問いに対する答えとしては有効だろうが、(「この」を付けた)「なぜ現実にはこの一つしか感じられないのか」という問いに対しては無効だろうし、おそらくはまた肯定的に表現された「なぜ一つは現実に感じられるのか」に対しても無効であろう。

このことから二つのことがわかる。第一はもちろん、「なぜ現実にはこの一つしか感じられないのか」という問いに対する物理的な理由はない、ということである。もし物理主義者が、問いの意味を理解したうえでなお、それがあると主張したなら、とんでもない主張をしたことになる。地球人類史のなかで(あるいは宇宙生物史のなかで)ただ一人だけ他の人間(あるいは生き物)とは物理的に違う組成で出来た個体があって、だからそれだけが現実に目が見え音が聞こえ味や痛みを感じるのだ、ということになるからである。＊

＊　この唯物論的独我論は、たしかにとんでもない主張であるとはいえようが、じつはそれが正しいので

はないか、と疑うことは十分に可能ではあるのだ。そして、それが可能ではあることこそが、じつはこの問題の哲学的な肝《きも》でもあるだろう。別の観点から言うと、もし、たんに哲学的議論として独我論という考え方に興味を持っているのではなく、ほんとうに「独我論的心配」をしている（なぜ私だけこんなに他の人と違うのだろう、何か変なのではないか、というような仕方で）人がいたら、その人はむしろこの物理主義的な答えを受け入れるのが最も自然なのではないだろうか。その意味では、唯物論的独我論は決して嗤うべき思想ではないのだ。

したがって第二は、物理主義的前提から出発する（そして、それに反することを結論する）ことは、この問題を提示するために必要ではなく、むしろ問題の本質を見失わせる、ということである。つまり、この問題は物理主義のような考え方と対立するようなものではないのだ。脳や神経などはまったく持ち出さずに、ただ単に「（過去や未来を含めて）たくさんの意識のある生き物が存在するのに、なぜ現実にはこの一つだけしか感じられないのか？（なぜ一つだけは現実に感じられるやつが存在しているのか？）」で十分であり、その際、その「意識ある生き物」に意識があるのは脳や神経のせいであろうとなかろうと、そんなことはこの問題には関与していない。むしろ、観念論（唯心論）的前提から出発して、それに反することを主張するほうが、この問題のポイントをクリアに提示できるであろう。すなわち、「意識」等々の語を唯心論的に捉えたうえで、「（過去や未来を含めて）たくさんの意識（心や精神、あるいは主体や自我）が存在しているのに、なぜ……？」と問うわけである。

しかし、おそらくは歴史的事実として、この問題は反唯物論的な（すなわち唯心論的な）問題提起であるかのように誤解されてきた。たとえばデカルトは、かの有名な全般的懐疑の果てに、疑いえぬ真理として「我あり」を発見したわけだが、ただちにその「我」を「精神」と同一視し、物心二元論への道を開くことになった。これは自己誤解でなければならない。なぜなら、懐疑の果てに彼が発見した哲学的に最も意味深いことは、「デカルト（という人物）の存在は疑いうるが、私の存在は疑いえない」という事実から導かれる、「私はデカルトではない」であったからだ。そのデカルト（という人物）なるものを物質の塊であると考える必要などはまったくない。たとえそれがもっぱら心的なもの（たとえば感覚や感情や記憶や願望や思考……や自己意識）の塊であったとしても、私の存在はそれらとは独立だ、ということこそがデカルトの発見であったのでなければならないからだ。

本来あるべきデカルトとともに、私がここで提起したい（これまでも提起し続けてきた）問題は、この種の「物と心」の対立とは別の枠組を必要とする問題であり、また、後に詳述する機会もあると思うが、「公共性と私秘性」といった対立とも別の枠組を必要とする問題なのである。あえて伝統的な枠組で分類するなら、それは「実存と本質」の対立に属する問題である。

（デカルトが私はそれではないと言った）デカルトという人物についていえば、たしかにそれは固有の身体を持つとはいえ、物的というよりはむしろ心的な存在者であるだろう。それは、おそらくは何よりもまず、記憶を中心とする心理的な連続体のことであろうから。デカルトの心理的連続体のことはあまり知らないので、よく知っている永井均という心理的連続体を例に取れば、それにには人の知らないきわめて独特のところがある。まあ、永井均と同じ経歴（したがって記憶）を持った人はこの世にほかにはいないのだから、まったく独特であるのは当然のことだともいえる。とはいえしかし、私は私をその独特のところ（の集まり）を根拠にして他から識別し、これが私であると捉えているわけではない。私は自分を他から識別して私であるとして捉えるとき、自分の持ついかなる（固有の）属性も用いていない。私は私をその特徴的な（他に例のない）心理的連続性によって他から識別してはいないのだ。それなら、たくさんの人間（生き物）たちのうちから、何を根拠にして自分を識別しているのか。と問われるなら、ただそれだけが現に与えられているという事実によって、と答えるほかはない。[*] 何が与えられていようと、与えられている内容は関係ないのだ。[**] 何が与えられていようと、ただそれだけが与えられているということだけで十分であり、それだけが不可欠なのである。だから私も、デカルトと同様、「私とは永井均のことではない」といわざるをえないわけである。

＊　「哲学探究1」では、この基準を第一基準と呼んでいる。

＊＊　「何が見えていようと、見ているのはつねに私だ」というウィトゲンシュタインの創作した独我論言明は、通常まさに独我論者の自己主張であるかのように捉えられているが、そうではなく、意識をもつ複数の人間が存在することを問題なく認めた場合にも、彼らはみなこの仕方で自分を捉えざるをえな

い、という意味に理解されるべきである。それ以外の自己把握の方法はないのだ。その際、対比されている言明は、「かくかくが見えているから、見ているのは私だ」である。このような捉え方は決してできない、という点こそがここでのポイントなのである。

かりに私がいろいろな点できわめて特徴的な感じ方をする人間であったとしよう。物心ついて以来ずっと、たとえば音の点では、あたかも耳鳴りのように繰り返しあるメロディが低く鳴り続けている、というように。たとえそうであったとしても、私は、その特徴的なメロディが聞こえているがゆえにこれは私だ、と私を（他の人々から区別して）把握することはできない。だから私が、そのメロディを始めとするあらゆる固有の感覚をすべて感じなくなり、まったくもって平凡な感覚しか感じなくなったとしても、その平凡な感覚をもし現に感じているならば、それは私なのである。何が感じられていようと、感じているのは私、だからである。*

＊ 固有の属性を持った一人の私がその同じ属性を持ったまま二つに分裂したとき、一方が私であるなら他方は（私と同じ属性を持っていても）他人である、という思考実験は、「これが私である」という端的な事実の成立がその人の持つ属性によって決まるのではない、ということを示すための面白いお話にすぎない。面白く表現すると、その面白さのほうに目が移ってしまって、分裂するということに何か特別の意味があるのかと思ってしまい、それが可能かどうかなどと論じ始める人がたまにいるが、べつに分

裂ということに特別の意味があるわけではない。

ここで、次のような疑問を持つ人がいるかもしれない（いて欲しい）。そうだとすれば、すべての人が、自己把握をする際にはこの仕方でしていることになるだろう。それなら、そのすべての人たちのうちから、私は私をどうやって識別できているのか。もはや「この仕方」を持ち出しても無駄だろう。すべての人がそうしているのだから。ここではもはや、私だけがもつ独自の特徴を持ち出しても無駄であるだけでなく、ともあれ現実に感じているといったことを持ち出しても、やはり無駄であるはずだ。すべての人がそうしているのだから。このような疑問である。

だから、この疑問に対して答えようとすると、それでもこの私だけが現実に現実に感じている、といったことを言わなければならなくなる。しかし、そのこと自体もすべての人がそう言うだろうから、それらとさらに差異化するためには、もう一度「現実に」を付与するほかはなくなって、言語的把握の可能性は破綻する。私がこの本書で問題にしたいのは、「私」の問題だけでなくその他もろもろの事柄に関しても反復して顕れるこの構造の真の意味を考えることである。

いや、しかし、このような議論の進め方に対して、むしろ逆方向の疑問を持つ人がいるかもしれない（こちらもまた、いて欲しい）。それは、そもそもすべての人がそうしているとなぜわかるのか、という方向の疑問である。私自身はたしかに、どういう心的内容を持っているかによってではなく、ともあれ（それを）現に持っているということによって、そいつが私であると捉えている。それは確かだが、他人がそうしているかどうかなんて、どうしてわかるのか。

この疑問に対しては、さしあたってこう反問しておきたい。だがしかし、たとえ他人であっても、その人が自分を捉えるとき、先ほど述べたような仕方以外の仕方でそうすることが可能であろうか。たとえば、かくかくしかじかの記憶を持っているからこいつは自分だ、とか、繰り返しあるメロディが低く鳴り続けているからこいつは自分だ、とか。そんなことは不可能だろう。なぜなら、そうしたことを捉える主体の側が自分なのだから。その人だって、何であれ（すなわちその内容に関係なく）ただ現に与えられているという理由によって、それが自分の体験（あるいは属性）であるとみなすしかないだろう。どうして（他の体験ではなく）それを感じているのが自分なのか、（他の属性ではなく）それを持つのが自分なのか、その根拠はさっぱりわからずに、いきなり。

さてしかし、先ほど私は、永井均という心理的連続体には人の知らないきわめて独特のところがある、と言った。それにもかかわらず、私は私をその独特のところ（の集まり）を根拠にして他から識別し、これが私であると捉えることはできないことが明らかになった。では何を根拠にして自分を識別しているのか、と問われるなら、ただそれだけが現に与えられているという事実によって（細かく言えば、「ただそれだけ」の「それ」によってではなく「ただ……だけ」によって、そして「現に与えられている」の「現に」によって）と答えるほかはないのであった。だから私もデカルトと同様「私とは永井均のことではない」と言えることになったのである。

むしろしかし、私がデカルトとまったく同様ではおかしくないか。何といってもデカルトは他人で、私ではない。この端的な事実こそが問題で、それをどう考えたらよいのかが問題であったはずなのに、いつの間にか問題がずれてしまっていないか。と、先ほどの「逆方向の疑問を持つ人」がなおも食い下がってきても不思議ではない。いや、食い下がってくるべきだろう。といっても、この食い下がる人は、ここではもはや私自身でなければならないが。

ところで、よく知られているように、デカルトは「欺く神」と闘った。闘って、「私が「私は存在する」と思うかぎり、私は存在する。神の力をもってしても、ここでは私を欺くことはできない」という勝ち名乗りをあげた。しかし、このとき勝ったのは誰(というより正確にいえば何)だろうか。果たして他者であるわれわれはこのとき勝ったのが何であるかを知りうる立場にいるだろうか。

こう考えることは確かにできる。デカルトが欺く神に勝ちうる理由は明らかだ。それは、デカルトが自分を捉える際に用いる「ただそれだけが現に与えられているから」という理由を、欺く神の側は決して持ちえないからだ。だから、欺く神の側は、いかなる理由でデカルトが勝ち名乗りをあげているのか、理解できない。欺く神の側からすれば、そのときデカルトが信じている内容はすべて偽であり、欺きは完璧に成功しているからだ。しかし、もし偽なる信念が現にありありと与えられているなら、やはり私は存在する。私は存在するというその信念もまた欺く神が与えた偽なる信念であっても、やはり私は存在する。そのときデカルトが与える「私」の意味(それは「ただ（現に）在る」ということにほかならないのだが）を、欺く神の側は決して知ることができない。

いやいや、そうだろうか。欺く神は悪神であるとはいえ神の能力を持つのだから、いかなる理由でデカルトが勝ち名乗りをあげているのか、理解ができないはずはない。彼は、全知なのだから、いまここで論じられているような自己知に関する一般理論もまた完璧に知っているはずではないか。デカルトがいかなる理由で勝ち名乗りをあげているのかももちろん知っていて、知っている以上その裏をかくこともできるはずではないか。

かりにもしそうだとすれば、ここで最後に残るのはやはり「逆方向の疑問を持つ人」の問題意識である。この問題を、たとえそれが歴史上デカルトに端を発するとはいえ、デカルトという過去の他人の場合で考えるのは的はずれであったことになる。この意味では、欺く神と闘って勝つことができるのは、文字通り私だけである（デカルトの戦いはまさにそのことを示唆していることになる）。私がデカルトと同じ全般的懐疑を敢行し、欺く神の欺きと対決したとき、私だけが知りうる仕方で、私は欺く神に勝てることになる。

なぜ私だけが知りうる仕方なのか。なぜ神はそれを知りえないのか。

第2章
デカルト的省察
——〈私〉の存在は世界の内容にいかなる影響も与えない

唯物論的独我論をめぐる議論のつづき

前章の最後の問いに答える前に、唯物論的独我論について補足しておこう。まずは、それにもかかわらず唯物論的独我論が正しいことはある意味ではやはりありえないのだ、というところから始まる話。

なぜこいつだけが現実に音が聞こえたり痛みを感じたりしてしまうのだろう、と「独我論的心配」をしている人がいて、その人が、それはこいつが人類史上ただ一人だけ他の人間たちとは異なる物理的組成で出来ているからだ、と考えたとしよう。しかし、たとえそれが事実であったとしても、その事実はいわば余剰であることにならざるをえない。たとえその事実がなくても（つまり物理的に普通であっても）、彼はやはり、自分だけは現実に音が聞こえたり痛みを感じたりしてしまうという点で他の人たちと根本的に異なる、と思うはずだからである。このことは、普通の人ならたいてい納得するにちがいない。

とはいえ、そう説得されたなら、頑固な物理主義者である彼はこう反問するはずである。私が物理的に普通であっても、なぜやはり私だけが現実に音が聞こえたり痛みを感じたりするのか。そこが納得できないのだ。もし物理的に他の人たちと同じなら、その他の点でも同じであるはずではないか。

これに対して、彼を説得する側は「いや、だれもがそう（＝あなたと同じように）思うのだ。それは単に、他の人間たちから切り離された一個人であるという事実を語っているにすぎないのだ」と言うだろう。すると、彼はおそらくこう反問するはずである。「みんな「他の人間たちから切り離された一個人」であるのに、なぜこいつの痛みだけが現実に痛いのか、それを問題にしているのだ。何らかの物理的な違いがなければ説明がつかないではないか」。

もし彼が、この種の論争に熟達していたならさらに、前章では「駄目押しになりうる」と言って導入した「時間的な対比」の議論を持ち出すであろう。「百年前の人間たちだって、みな他の人間たちから切り離された一個人であったはずだ。だが、彼らの感じることのうちのどれ一つも現実には感じられなかった。そしてこれから先、きっとまたそういう時が来る。なぜか、今だけが例外なのだ。このことをどう説明したらよいのだ？」。

ここまで来れば、すでにもう「彼らもみなそれぞれ……」路線の応答はありえない。それでもやはり、この唯物論的独我論者が他人であれば、彼は馬鹿なことを言っている、と思うだろう。だが、彼が自分であった場合、むしろこの路線こそが最も整合的で唯一誠実な世界観だとさえいえるはずである。* このことを確認しておいて、前章の末尾の問いに答える議論に移ろう。

＊　彼のその物理的原因の探求は決して成功しないではないか、と思う人がいるかもしれない。しかし、それもまた、「彼」をあくまでも他人として措定しているからである。自分の場合は、成功するはずだ、とまでは思えなくても、成功するかもしれないのだ、とまでは思っていただかなければならない。そのように思いにくいタイプの（根深く体制派の）人も、少なくともここでいったんは、そう思えるところまで自己を高めていただきたい。

もう一点、ある意味では自明なことではあるが、なぜ唯心論的独我論では駄目なのか、という点についても確認しておきたい。唯心論は、一般的に（物と対比された）心というもの（だけ）の実在を主張するのだから、そういう心たちのなかで、どういうわけか私の心しか（心として）実在していないではないか、ということを問題にしている独我論とは、最初から反りが合わない。対して唯物論は、これから物に還元しようとしている心の世界のあり方にかんしては、まったく無思想である。それがどうなっていようと、ともあれこれから物のあり方に還元して説明がつきさえすればそれでよいからだ。だから、ここで問題にしているような種類の独我論者は、唯心論者であることはできないが、唯物論者であることはできるわけである。

前章の問いに答える

前章の末尾において私は、欺く神と闘って勝つことができるのは、文字通り私だけである、と言った。私がデカルトと同じ全般的懐疑を敢行し、欺く神の欺きと対決したとき、私だけが知りうる仕方で、私は欺く神に勝てることになるのだ、と。なぜ、私だけが知りうる仕方で、なぜ神はそれを知りえないのか。

デカルトが欺く神に勝ちうる理由は明らかであった。それは、デカルトが自分を捉える際に用いる「ただそれだけが現に与えられているから」という理由を欺く神の側は持ちえないから、であった。しかし、私は、欺く神などではもちろんないとはいえ、またデカルトでもない。「ただそれだけが現に与えられているから」という理由を持ちえないという点では、欺く神の側と同じ立場にある。そうは言っても、欺く神はそのこと（＝デカルトの側が勝ちうる理由）を概念的には知っているのではないか、と言われるならば、もちろんそうなのだが、その点でも私は欺く神と同じ立場にある。私は、そのことを概念的には知っており、だからこそ、この闘いはデカルトの側が欺く神の「欺き」を超えた真理を知りうることによって勝利しうるのだ、と考えることができたわけである。[*]

＊　哲学的には余計な話ではあるが、多少神学的な議論をここで挿入することがゆるされるなら、こんな

ことも考えられる。（欺く神ではなく）創造する神は、初めからそういう同格の（すなわちある点で神に勝利しうる）他者をこそ被造物として創造したのだ、と。「出エジプト記」において、神は「私は存在するものだ」と自己を本質規定した。すなわち、実存が本質である唯一のものである、と。これを、神自身の「コギト・エルゴ・スム」であると解釈することができる。だからこそ、デカルトの「私」と同様に、実存がそのまま本質なのだ、と。そして神は、世界創造によって、その「実存（存在）する」という性質を被造物にも与えた。それはつまり、被造物にも懐疑の果てのデカルトのごとく考える可能性を与えたということなのだ、といえるだろう。それゆえにこそ、被造物たるデカルトは欺く神に対して、当然のごとく「私こそが存在するものだ」と主張できたのだろう。

しかし私は、デカルトという他者にかんするかぎり、そう考えることができるだけである。だがもし私自身がデカルト的懐疑を実行し、欺く神と直接対決するなら、私はその神に現実に勝つことができるだろう。私自身が実行すれば、前段落で「概念的には」と限定した知り方を超えた知り方でそれを知りうるからである。その神がどのように私を欺こうと、私が何かを思っているかぎり（その内容に関係なく）思っている私は現に存在している。

ここで第一のポイントは、このことが一般論として言えるのではなく、なぜか現実にそうなっている、ということである。（そして、これは後にくわしく論じることだが、たとえばデカルトという他者にかんしての場合のようにこのことを一般論として理解する場合であっても、その理解のうちにはこの「現実性」が概念的には反復されていなければならない、ということが重要である。）第二のポイントは、すでに言うまでもないことであるとはいえ、この「私」は永井均ではない、ということである。もちろんその私が自分は永井均だと思っていることはありうることだが、そういう中身は関係ないということこそがポイントなのである。

ここで第三のポイントは、私は私のその勝利そのものを私以外の人に伝えることは決してできない、ということにある。今度は、私以外の人はそれを概念的に知りうるだけだからである。『時間の非実在性』(講談社学術文庫)の中で、私はそのことをこう書いている。

端的にそれしか存在していないという境遇に追い込まれた者のみが知りえ、たしかにその視点に立てばそう見えるに違いないということを知っているだけの者には知りえないような、そういう真実が存在しなければならないのである。(二四三頁)

時間についての本であるから、これは主としては「現在」という存在者の存在の仕方について言われているのではあるが、同じことは「私」についてもそのまま当てはまる。前章で私は、「心と物」や「私秘性と公共性」といった枠組を拒否して、「あえて伝統的な枠組で分類するなら、それは「実存と本質」の対立に属する問題である」、と言ったが、ここに登場しているのが、まさにその「実存と本質」の問題である。どちらも「在る」ことなのだが、実存は「〜がある」で、本質は「〜である」だ。デカルトという他人のケースで考えているかぎり、それが何であるかという本質を概念的に理解することはできるが、現にここにそれがあるというその実存そのものを直《じか》に捉えることはできない。

だから、ここで私は読者を想定した文章を書いているわけだが、もはやこの状況を読者とそのまま共有することはできない。もし読者がこの文章の真意を理解しようとするなら、真意を理解するための通常の仕方（言った人とそれを聞いたまたは読んだ人が同じことを理解することを理想とするような）は断念し、この議論を他人の書いた文章から知ったことは忘れて、あたかもすべてを自分で考えたかのようにこれを捉えるほかはない。

しかし、なぜそんなことができるのか。その問いへの答えは、すでに第一のポイントを指摘したときに（その括弧の中で）言われていた。たとえば欺く神との闘いにおいてデカルトという他者が勝利できることの意味を理解する場合においてさえ、その理解は「現実にそこに〈私〉は実現しているから」といった端的な実存についての概念的理解が含まれていなければならない、のであった。端的な実存についての概念的理解、すなわち、たんなる実存でもたんなる本質でもなく、いわば実存という本質という理解の仕方が必要不可欠なのである。

このことはしかし、その逆もいえるはずである。私における端的な勝利の場合でさえ、一般にこのような場合には勝たざるをえないということの概念的把握が必要不可欠だからである。私はこの相互依存構造を、これまでずっと「累進構造」として論じてきたし、先に言及した『時間の非実在性』においては、時間におけるA事実とB関係（＝A変化）の組み込み合いとして、何度も繰り返し指摘している。本質的な構造は同じである。

この連関の必然性からも明らかなことだが、ここで欺く神が負けるのは、一面では確かに、それが欺くことしかできない神であるからである。もし（真に創造する神の対極にある）破壊する（消滅させる）神が相手であったなら、彼は私を消滅させることによって即座に勝利を手にするであろう。しかし、欺く（すなわち偽なることを信じさせる）ことしかできないのであれば、現にその偽なることを信じている者はどこまでも残存してしまう。それが偽だといくら言ってみても、「何を思っていようと、現に思っているのはいつも私である」という構造は破壊できない。このことは思っている内容の真偽には関係ないからである。

〈私〉は世界に実在する寄与成分ではない

本質そのものの中に概念としての実存が入り込んでくる（そしてその逆でもある）という問題はもちろんきわめて重要ではあるが、それについては後に検討することにして、ここではまず、少しも「概念として」ではないような、剥き出しの実存そのものについて、直接考えることを試みてみよう。

現在の世界には現実に一人だけ他人たちとはまったく違う種類の人間が存在している。現実に見えたり聞こえたり、痛かったり痒かったり、何かを覚えていたり何かを欲したりしている人間である。人類史は相当に長いが、つい最近まで、そんな人間はいなかったし、もう少ししたらまたいなくなるであろう。そいつはいったい何なのか。そこで何が起こっているのか。

前段落の文章を読む人は、それぞれ違う人間を念頭に置いて言われていることを理解するだろう。そこで共通に理解されている内容に焦点が移されてしまえば、ここで問題にしていることは即座に消滅してしまう。共通に理解されている内容でよいなら、千年前でも（もし人類が滅亡しなければ）千年後でも同じようにだれにでもあてはまるであろうからだ。そこで起こることの仕組みの問題ももちろん興味深い問題ではあるが、それについても後ほど機会があれば検討することにして、ここではまず、先ほど「もし読者がその真意を理解しようとするなら、通常の共有的理解の仕方は断念して、……」と言った時と同じように、自分ひとりだけが自分の実存にかんしていきなりこの問題に襲われている、という形をとってこの問題を考えていただきたい。私も私自身のことだけを考えて書いていく。

現在の世界にはなぜか存在している、一人だけ他の人間とはまったく違うあり方をしている人のことを、〈私〉と表記することにする。何よりもまず驚くべきことは、〈私〉という存在者の持つ極端な二面性である。一面においては、それが現に存在していることはもちろん疑いなく（なぜか最も疑いなく）、しかもそれが存在したからこそ他のすべて（森羅万象）はその存在を初めて開示された（もっと強く言えば初めて得た）とさえいえるほどである。それにもかかわらず他面では、それは幽霊以上に幽霊のようなあり方をしている。

第一に、それは他人たちからはその存在を決して認められない（先ほどのデカルトをめぐる議論が正しければ、神からも）。他人たちから見れば、私はたんに永井均という一人の人間にすぎない。他の人たちがそれぞれ彼らの持つ諸特徴によって識別されるように、彼もまた彼のもつ諸特徴によって他から識別されているにすぎない。そこに、彼が〈私〉であることが関与する可能性はない。

第二に、じつは同じことだともいえるが、それが存在しているという事実は世界の内容にいかなる影響も与えない。世界の内容が（物的であれ心的であれ）なんらかの因果連関によって成り立っているとすれば、永井均という人間も（彼の心も体も行為も）その連関の内部にある。彼も（彼のそれらも）世界のさまざまな出来事から影響を受け、また影響を与えている。しかし、彼が〈私〉であるという事実は、その連関にまったく関与しない。〈私〉であるという成分は、世界の進行からいかなる影響も受けず、その進行にまったく寄与しない。それはただ、史上初めて成立した、その世界を開く唯一の原点である、というだけである。それは、先ほど述べたような意味で、このうえなく貴重なものであるにもかかわらず、この意味において、実在してはいないのだ。

世界の内容がそのような因果連関によって成り立っているだけでなく、いわゆる理由の空間の存在によっても成り立っているとしても、事態に大きな変化はない。永井均という人間は（彼の心も体も行為も）もちろん理由の空間の内部にあって、彼も（それらも）さまざまな意図や正当化から影響を受けまた影響を与えているではあろうが、彼が〈私〉であるという事実はこの空間における理由連関にまったく関与していない。ただ、ある意味ではやはり、史上初めて成立した、その空間を開く唯一の原点である、というだけである。それは、この空間にとってもやはりこの上なく貴重なものであるにもかかわらず、その内部にまったく位置を持たず、いかなる関与もできない。

いかなる関与（寄与）もしないとは、つまり、あってもなくても同じ、ということである。それならばなぜ、私はこのような（いまここでやっているような）議論ができるのか、という疑問をもつ人がいるかもしれない。これは、伝えること以前にそもそも論じること自体が不可能な主題であるはずではないか、と。あるいはそれ以前に、なぜそもそも私は（この意味において）「私は永井均である」と言える（思える）のだろうか。このとき私は何を言っている（思っている）のであろうか。何と何を結合しているのだろうか。無寄与成分が寄与してしまってはいないだろうか。

これらの問いに対する答えは、「前章の問いに答える」という項目のもとの議論においてすでに与えられている。「〈私〉は世界に実在する寄与成分ではない」という項目のもとでのこの議論は、あくまでも「少しも「概念として」ではないような、剥き出しの実存そのものについて、直接考えること」の「試み」なのであるが、どうしてそんなことが可能であるのかという問いに対する答えも、やはりそこで与えられていると考えるべきであろう。*

＊　この問題に関しては、『存在と時間——哲学探究1』の末尾に「付録」として収められている「風間

くんの質問＝批判」を（できれば本文においてそれにふれている第17章とともに）参照していただけるとありがたい。彼の「質問＝批判」は、むしろ逆に、このような議論ができてしまうことによって失われるものに焦点を定めていた、と見なすことができる。すなわちここでは、それは語りえないはずではないか、という議論と、それは語りえてしまうではないか、という議論が、同時に成り立ちうるわけである。

後に述べるべきことではあるが、〈今〉についても同じことがいえる。何かが過去でも未来でもなくまさにその時点で起こっているという事実は（たとえば利今的考慮という形で）人々の意思決定に影響を与えうるが、それはたんに、その人が自分であるという事実が（たとえば利己的考慮という形で）その人の決定に影響を与えうるという事実と同じことにすぎない。そうした諸今の中に、ただ一つの端的な〈今〉が存在するという事実が、そうした連関に関与することはありえない。

にもかかわらず、〈私〉の存在が世界の内容の一部である永井均という人間とつながっているとすれば、それはどのようにしてか。この無寄与成分が、意識（精神）とか主観（主体）とかいった不可思議な一般者を介して、世界の内容に寄与している（ように見える）のはなぜか。これが心身問題の原初形態だろう。心身問題のみならず、他我問題や、人格同一性の問題や、自由意志の問題や、……も、この系統の問題はみな、この根本問題からの派生形であろう。しかし、どの問題も当初の問題と少しずつ焦点がずれており、いわばすでに出来上がった世界像を前提にして立て直されて（しまって）いる。たとえば心身問題であれば、心と物（精神と物質）の関係の問題というように。すでに指摘したように、〈私〉は心（精神）ではなく、永井均は物（物質）ではないのだが。

欺く神、ふたたび

この章の最後に、欺く神の問題に戻って、重要な二点（その区別と重なり）を確認しておこう。欺く神の側はもちろん、その自己意識の存在そのものが偽だ、おれが騙して在ると思わせているにすぎないのだ、と言うだろう。また、本当にそう信じてもいるだろう。それでも、それがなぜか〈私〉であったならば、それは（疑う余地なく）存在する。欺く神は、その意図と無関係に、なぜか〈私〉を実存させてしまったのである。それはもはや偽であることはできない。これが第一の確認事項である。しかし第二に、そのことは概念的に保証されてもいる。つまり、欺く神は、ある意味では、そういう〈私〉を実存させてしまわざるをえないのである。彼はたまたま負けただけでなく、必然的に負けもするのだ。これが第二の確認事項である。そして、この二重性こそが哲学的な問題なのである。

破壊する神の場合には、このような繊細な事情は成立する余地がなかった。だが、その対応者である創造する神の場合はどうだろうか。ひょっとして、欺く神と同じ事情が成り立つのではなかろうか。その「同じ事情」こそがこの世界の在り方なのではあるまいか。

第3章 独在性の二つの顔

前章の「前章の問いに答える」の箇所への補足

まずは、前章の「前章の問いに答える」の「第二のポイント」に対するちょっとした補足から。第二のポイントとは、「すでに言うまでもないことであるとはいえ、この「私」は永井均ではない、ということである」であった。「もちろんその私が自分は永井均だと思っていることはありうることだが、そういう中身は関係ないということ」と説明されていた。そうであるとすれば、「もし私自身がデカルト的懐疑を実行し、欺く神と直接対決するなら、私は彼に現実に勝つことができるだろう」とか、「私自身が実行すれば、前段落で「概念的には」と限定した知り方を超えた知り方でそれを知りうる」といったことは、ある意味では、言えないことになる。デカルト的懐疑を実行し、欺く神と直接対決する私と、彼に現実に勝つことができる私には、とくに人格的な繋がりがないからである。この二つは、ただ〈私〉であるという仕方で繋がっているだけだ、と考えられる。

そうではあるのだが、もはや永井均ではないかもしれないそのだれかも、やはりだれかではあるだろう。あるいは、自分をだれかだと思ってはいるだろう。デカルト的懐疑の線上で考えるなら、もちろんそれは「疑いうる」。しかし、疑いえようがえなかろうが、そのことには関係なく、ともあれここには付け加えられるべき一つのポイントがあるだろう。それは、それゆえ存在の奇跡のほかに受肉の奇跡が付け加わる、という点である。なぜか〈私〉という変なものが存在してしまっているという不可思議さに加えて、他の人でもよかったのになぜかこの人がそれであるという側面が、そこには絡んでくるからだ。「なぜかさ」は存在の事実にだけでなく受肉の事実にもあるのだ。どんな場合にも、この二側面は相即的である。あえてここで触れたのは、本章の主要な議論にこの側面が関連しているからである。

受肉とは、キリスト教神学においては、子なる神がイエスという一人の人間の形をとってこの世に現れることである。この受肉には（もちろんこの教義を前提にすればだが）世の中の他者たちと共有可能な実在《リアル》的な寄与成分（＝この世界に客観的に付け加えられた何か）がある。これに対して、ここで問題にしている受肉には、前章の後半の議論からも明らかなように、そのような実在《リアル》的な寄与成分がない。[*] それゆえ、もしこの受肉こそが哲学的心身問題の原型なのだとしたら、この問題が解かれることはないだろう。

＊　私がこれまで使ってきた、「実在的《リアル》」と「現実的《アクチュアル》」を対比的に使う語法をここでも使うことがゆるされるなら、そこには現実的《アクチュアル》な寄与成分だけがある、といえる。私はこのことを、「自分とは何か」（『知のスクランブル』ちくま新書、および『新版 哲学の密かな闘い』岩波現代文庫、所収）においては、「孤独な祝祭」と特徴づけた。

独在性の二重性1

さて、本章の主題に入ろう。

前章の最後に、欺く神が二重の意味で負けることを確認した。そして、同じことが創造する神にも当てはまるのではないか、という問いを提出した。もしそうであるならば、この問題はきわめて重要であるはずである。欺く神と違って、創造する神はこの世界を創造したのだから、それはこの世界のあり方そのものの問題と重なることになるからである。＊

＊　ときに、こういう議論をすると「私は創造する神の存在など信じていない」などと言い出す人がいて困る。もとより、そんなことは関係ない。創造者が神ではなく培養器の中の脳であっても、創造者などおらず世界はたんに自然に成立しているだけであっても、世界は現にこのように在るのだから、「創造

する神が創造できなかったもの」に対応する問題の本質は同じである。問題が象徴的に表現された場合、その象徴形象の余剰の部分に惑わされず、問題の本質だけを鋭利に捉えることが肝要である。

欺く神が二重の意味で負けうるのは、勝つ側に、すなわち〈私〉に、二重の意味があるからだ。前章の最後の個所で、私はまず、「それでも、それがなぜか〈私〉であるならば、それは（疑う余地なく）存在する」と言った。ポイントは「なぜか」にあった。それは、存在しないこともありえた（そのほうが普通である）はずなのに、なぜか（驚くべきことに）現にこのように存在してしまっている！　この存在はだれにとっても想定外なのである。次に私は、しかし「そのことは概念的に保証されてもいる」とも言った。つまり、欺く神は、そういう〈私〉を実存させてしまわざるをえないのだ、とも。結論として、欺く神はたまたま負けうるだけでなく、必然的に負けもするのだ、この二重性こそが哲学的な問題なのだ、と。その正体を明らかにすることこそが本章の主題である。

それはまた、前章の「前章の問いに答える」の後半において論じた、次の二つのことの「相互依存関係」の問題とも繋がっている。一つは、たとえば欺く神との闘いにおいて（他者にすぎない）デカルトの側が勝利できるということの意味を理解する場合においてさえ、その理解には「現実にそこに〈私〉が実現しているから」といった端的な実存の理解が含まれていなければならない、という事実であり、もう一つはその逆、すなわち、この私における端的な勝利の場合でさえ、一般にこのような場合には勝たざるをえないということの概念的理解が含まれていなければならない、という事実である。この二つの含み合い、すなわち相互依存関係が不可欠なのであった。しかし、それはなぜか。それを明らかにすることこそが本章の主題なのである。

かつて使っていた表記法をここで復活させるなら、これは〈私〉と《私》の二重性である、ともいえる。もちろん、前者が「なぜか」に、後者は「ざるをえない」に対応する。そして、どちらにかんしても、デカルト的な意味での「疑いえなさ」が同様に成立する。何度も繰り返して言ってきたことではあるが、何度言っても理解が得られないのでもう一度言っておくなら、この二重成立こそが「独我論は語りえない」ということの真の意味なのである。

しかしここでは、これまで何度も言ってきたことと実質的に同じことなのではあるのだが、違って見えるかもしれない新たな理解の仕方を提示してみたい。それによれば、この二つの理解の仕方は方向が逆なだけで、(ある意味では) まったく同じ事態を表現している。一方は偶然性から可能性を導き出し、他方は可能性から偶然性を導き出す。その方向性の違いに応じて、「偶然」が (ある意味では) 異なる二つの意味を持つことになるだろう。

両方向からの説明

前者の、「なぜか」に対応するほうの〈私〉は、誰でもないのはもちろん、何でもない。それは、文字通り何の一例でもなく、まったく類例のない何かである。それは、なぜか在る、わけのわからない何かであって、隣人（仲間・同類）は存在しない。それは、空前絶後の、まったく端的な、世界の開けそのものであって、他に、それと同じ種類の「わけのわからない何か」は存在しない。現に存在していない。（存在しえない、ともいえるのではあるが、こちらの方向づけからは、それはむしろ到達点の側にある捉え方である。）

重要なことの一つは、この論脈においては、この事態を観念論的に表象する必要はない、ということである。少なくともその側面を強調する必要はない。この事態の観念論的な表象の仕方とは、たとえば、次のような表象の仕方である。

それは、史上初めて成立した、森羅万象をそのまま表象する、森羅万象の独特の一部である。しかし、その独特さは、それがじつは森羅万象そのものであるのか、それとも森羅万象を表象しているにすぎないのか、決して分からないように出来ている、という点にある。なぜわからないのかといえば、その外には決して出られないからである。それゆえ、森羅万象はそれの外にあって、それはたんに森羅万象を表象しているにすぎない、という理解それ自体もまた、じつはそれの内部で完結していざるをえないわけである。

この捉え方が間違っていると言っているのではない。いや、むしろ正しいだろう。しかし、この論脈ではそこに強調点が置かれるべきではないのだ、と言っているにすぎない。理由はたんに、そこに強調点が置かれると、ここで私が問題にしようとしている問題とは別の問題に注意が逸れてしまうからである。この問題は、むしろ一見まったく実在論的に表象したほうがよい。たとえば次のように。

数億年前、地球は生命のいない冷えた天体であった。おそらくは自然の法則にしたがって、その天体の表面に生命が発生し、その生命体のいくつかは意識を、そして自己意識を持つにいたった。この過程のすべてが自然法則に支配されていたと仮定しよう。どんな物質の配列が生命を、意識を、そして自己意識を生み出すかは、すべて自然法則によって決定されていた、と考えることができる。また、どんな脳状態がいかなる意識状態を生み、いかなる記憶を、いかなる人間性を成立させるかも、すべて自然法則が決定している、とみなすことが可能である。しかし、このとき自然法則によっては決して決定されえないことがある。それは、このようにして成立した諸個人、諸精神のうちに、〈私〉が含まれているかいないか、含まれているとすれば、どれがそれであり、どれがそれでないか、ということである。自然法則が決定できることは、せいぜい、特定の物質配列が特定の性質を持った人間を作り出す、ということである。そのようにして作り出された人間のうちに、〈私〉がいるのかいないのか、いるとすれば、どれがそれであるのか、これは決定されえないのである。

これは、じつは拙著『〈魂〉に対する態度』（勁草書房）所収の「〈私〉の存在」（一七〇―一七一頁）という論文からの引用である。ただし、原文では使われていない〈私〉という記法を使って、部分的に書き換えてある。同様の仕方で書き換えを加えつつ続けるなら、次の段落では、「自然法則など持ち出す必要はない」と言われ、法則があろうとなかろうと、そんなことには関係なく、永井均を生み出すにいたる宇宙史の全プロセス「をどれほど詳細に記述したとしても、そのときそこで生まれた人間が〈私〉であったという事実に割り当てる場所はない」とされている。そして、「はっきりしていることは、永井均を含む多くの人間を産出した現実とまったく同じ歴史的経過が、〈私〉を産出しないことも可能であった、ということである。それゆえにまた、別の人間が〈私〉であることも……」とされる。これが前章で「無関与」「無寄与」という表現によって言われたことの言い換えであることは明らかだろう。また、もはや言うまでもないことではあるが、この議論は、他人が言っていることをそのまま読んで理解する（という仕方で理解する）ことはできない。

さて、この引用文では、先ほど「観念論的な表象の仕方」と言われた要素は〈私〉という表記の内にその含意の一部として溶け込んでおり、もはや表立っては主張されていない。たとえば「森羅万象そのものであるのか、それとも森羅万象を表象しているにすぎないのか、決して分からないように出来ている」という点は、ここではもはや問題にされていない。観念論（唯心論）者なら、このことをすべての意識的存在者にかんして主張するであろうが、ここではまさにそのことが否定されており、議論の焦点はむしろそちらに移行しているからである。*

＊　時間論において、この型の観念論に対応するのが現在主義である。現在主義は、存在するのは現在だけだと主張する。この主張もまたある意味では自明に正しいといえる。いつでも現在だからである。過去を想起している時も、未来を予期している時も、過去や未来が存在しているわけではなく、現在において過去を想起し、現在において未来を予期しているにすぎない。この構造は、いつでも変わらないからだ。しかし、そのようなことが「いつでも変わらない」ということには矛盾が含まれているともいえる。いつでも現在であるならば、過去の現在と現在の現在と未来の現在があることになるからだ。つまり、いつでも現在ではないことになるわけである。だからここでも、本文で述べられているのと同じ仕方で、「議論の焦点」をそちらに移行させることができることになる。

ここで強調されているのは、世界を開闢する唯一者の存在と、そのことの偶然性（あるいは無根拠性）である。この方向の説明においては、これが出発点である。すべてはここから出発する。為すべき主要な仕事は、この端的な事実を一般化・相対化し、すべての「私」に起こることのたんなる一例と見る見方を開発することである。先ほど使った実在性と現実性の対比をここでも使ってよいなら、これは現実性から実在性にいたる方向である。*

＊　私の解釈によれば、このことこそが超越論的哲学に課せられた課題であり、カントが為そうとした

（一部成功した）仕事である。この課題のうち彼が為そうとしなかった（私見に拠ればより基礎的な）側面を、私は本章とさらに終章において為そうと試みている。

どのようにして、それは為されるだろうか。「何の一例でもなく、まったく類例のない何かである」はずのそれに類例を与え、それを何かの一例とすることによって、言い換えれば「隣人（仲間・同類）」を与えることによってである。それは、もともと無いものを在らしめることなので、そこに「ひょっとしたらそれは無いかも知れない」といった懐疑論を混入させるのは的はずれである。話は逆なのだ。むしろまずは無いことが疑う余地のない前提なのであって、そこから出発してその無いものを在ると見なす新たな世界像を構築することこそが課題なのである。

一般に、この木は木というものの一例であり、この雷は雷というものの一例である。このような場合、われわれは複数の木、複数の雷を問題なく捉えられる（逆にいえば「観念論的な表象の仕方」はできない）。ここで求められているのは、原理的にそのような捉え方ができない（逆にいえば「観念論的な表象の仕方」ができてしまう）存在者にかんして、木や雷の場合と同じ捉え方をあえてすることである。その結果、本質的に類例がなく、本質的にその一つしかありえないものを、同種の複数のものの一例とみなす、という矛盾した事態が成立することになる。

どうしてそんなことができるのだろうか。ここに先ほど指摘した受肉の事実が関連している。あの受肉の意味においては、〈私〉は最初から人間の一例でもある（もちろん他の動物その他を含めてもかまわない)。そこには必ず「他の人でもよかったのになぜかこの人が……」という意味が伴っているからだ。その意味では、最初から「隣人(仲間・同類)」の存在が前提されている。

前提されているとはいっても、「……なぜかこの人がそれである」という形でなのだから、「他の人」は「それ」でないこともまたその前提の一部をなしている。まさにそのことが問題だったのだから。どうやってこの断絶を乗り越えることができるだろうか。最もポピュラーなやり方は存在論的断絶を認識論的断絶に変換することによってである。実際、この変換は哲学史的にはすでに成功している。「他人の心の中は知りえない。だから、極端なことを言うなら、もしかするとそれは無いかもしれない!」などと主張され、それに対抗して、「在る」と言わざるをえない理由や、「知りうる」と言える理由などが議論されたりしているのだから。つまり、他我問題という哲学界公認の認識論的問題が存在してしまっている。

見逃されがちなことだが、この変換における最も本質的な点は、出発点となる自己が任意の自己に置き換えられている点である。先ほど「観念論(唯心論)者なら、このことをすべての意識的存在者にかんして主張するであろう」(傍点は今回付加)と言われた「この事態の観念論的な表象の仕方」は、この置き換えの産物である。この変換は自明のことと見なされており、われわれの公認の世界像は、この他我問題を含めて、ほぼ例外なくこの変換が為され終わった後の地点から出発している。

しかし、一見したところのポピュラリティーはないとはいえ、その本質はこれと同じで、もっと直截な方法が存在する。それは、認識論的変換なしに、ただたんに、出発点となる自己を任意の自己へと置き換える方法である。そして、驚くべきことに、それは不可避なのだ。なぜなら、この変換なしに、この問題をひとに伝達する方法はないからである。

本書は「唯物論的独我論」という一見風変わりな発想から出発していた。できればここで、第1章の最初の段落だけでよいのでもういちど読み返してもらいたい。その段落の結論は、元来の問いの趣旨は「なぜこの一つしか感じられないのか」にではなく、「なぜこの一つしか感じられないのか」にあった、というものであった。これで問いの意味が明らかになったかのように見えるかもしれない。しかし、それに続く議論もずっとそうなのだが、じつのところはその記述それ自体に明らかな二義性が隠されている。いかに「この一つ」と強調されても、著者と読者のあいだで、強調された「この一つ」の指すものが異なっているからである。それは結局、読者それぞれにとっての「この一つ」を意味することになり、そうである以上、実質的には、そこで否定された「この一つ」と同じことになってしまってはいまいか。

いや、そうではあるまい。ある一つの世界の中に、複数の〈私〉が存在することはありえないからだ。もしそんなことがあったら、それらのうちどれが私の〈私〉であるのか、が分からなくなってしまい、それを識別するためのさらなる方途を探らねばならなくなってしまうだろう。〈私〉とはその方途そのものだったはずなのに。ここで、この困難を逃れるための唯一の方法は、〈私〉ごとに世界を分裂させて、世界そのものを複数化することである。すると、それぞれの世界に唯一の〈私〉がいることになる。

もちろん、そんなことをしても問題が解決するわけではない。今度は、そのように中心化された複数の世界のうち、どれが現実世界であるか、という問題が起こるからである。この世界そのものがなぜか中心化されたあり方をしていたから（いま想定されたような複数の世界の存在を前提にするなら、そのうち一つの世界がなぜか端的に現実の世界であったから）、そこから問題が始まったはずなのに、どの世界もそうなっていることになってしまっては問題は消滅してしまう。にもかかわらず、ある意味ではやはり、そうなっているのでなければこの問題提起が他者に伝わることはありえない。*

* マクタガートが『時間の非実在性』第五五段落において指摘したのと同型の「悪しき無限系列」の開始をここに読み取り、彼が同書において時間の存在に認めたのと同型の「矛盾」をここにも認めることが可能である。それは結局、唯一端的な現実の〈今〉が、どの時点であってもその時点にとっては必ず成立するような各々の「今」のたんなる一例であると同時に決してそうではありえない、という矛盾だからである。

残された方策はただ一つ、そのことを伝えることである。そのことを伝えても問題は消滅しないだろうか。答えは「消滅し、かつ、消滅しない」であろう。問題を伝えられた人が、その伝達の場面に固執して問題を理解しようとしたなら、それは即座に消滅する。中心化された世界は複数個存在することになり、それはつまり、一つの世界の中に複数の主体が存在することと実質的に同じことだからである。問題を受け取った人は、伝達場面で現出した中心化された世界の複数性を即座に拒否しなければならない。すなわち、中心化された世界は現実には自分に中心化された世界ただ一つしか存在しないという事実に、即座に目覚めなければならない。

この伝達は大乗仏教の菩薩行に似ている。自分の側を殺さないと問題は伝えられないからである。ここに「現実には」という形で新たに登場した現実性は、最初の伝達者の〈現実性〉から見れば、いわば《現実性》である。だから、問題を伝えうる相手は、現実性という概念にかんする隣人（仲間・同類）であるにすぎない、ともいえる。しかし、それこそが本物の隣人（仲間・同類）であるともいえるだろう。それはまったく異質な存在であると同時に奇跡的な同類でもあるのだ。存在と無ほど根源的に異なっているにもかかわらず、たんに存在と無という点でしか異なっていない本質的な仲間である、ともいえるわけである。

隣人（仲間・同類）が出来たところで、最初の、偶然性から可能性を導き出す方向の議論が目標地点に到達したと見なし、今度はその逆の、可能性から偶然性を導き出す方向の議論に移りたいと思う。前者にかなりの字数を費やしてしまったので、こちらは簡略に。

こちらの出発点は、ごくふつうの客観的世界描写である。観念論でも実在論でも、唯心論でも唯物論でも、その種のことはどうでもよいのだが、よけいな問題を混入させないためには、素朴実在論的に描写するのが最もわかりやすい。

ともあれ宇宙があり、そこに生命が発生し、人間も生まれた。そして人間には意識がある。その程度の共通了解で十分だ。さて、この世界で、任意のひとりの人間は自分を他の人間たちからどのように識別するだろうか。顔かたちや指紋や遺伝子によってでもなければ、性格や思想信条や記憶内容によってでもない。そういうものはどれも、自分を識別するのには使えない。それをするのがすでにして自分だからだ。どんな特異な体験をした人でも、その記憶の存在によって自分を他の人たちから識別することはできない。どんな内容であれ、もし何らかの記憶が現に与えられていれば、それは必ず自分に与えられている。他人に与えられている記憶のことは分からないのだから、それは当然のことである。その意味では、それは必ず自分の記憶である。そのことによって自分を識別するほかはない。記憶の内容が安倍晋三の自民党幹事長時代のものであろうと、小池百合子のカイロ大学時代のものであろうと、そういう内容はまったく関係ない。記憶以外の、願望であろうと、思考であろうと、情動であろうと、知覚であろうと、その点は同じことである。何であれ、現にそうした何かが与えられている（現れている）という事実によってしか、自分というものは捉えられない。

どんな風景であろうと、それが現にまざまざと見えているなら、それを見ているのは私であり、どんな情動であろうと、それが現にひしひしと感じられているなら、それを感じているのは私である。これをこのように言語で表現してしまえば、他人が現にひしひしと感じていることだってあるではないか、と言われてしまいうるが、そうであっても、言語的にはこのようにしか表現できないことが、ここでは起こっているのである。（言語的には表現不可能な）このような事実によってしか「私」の存在は把握できない。そこには誤認の可能性はない。感じているのがじつは他人であるという可能性はない。だれもが同様にこのように自己を捉える（このようにしか捉えられない）のではあるが、それでもその「だれも」の視点にはだれも（理解はできるが）立てない。だれもがある一つの視点に立てるだけで、そこから出ることはできない。そのことがすなわち各人における《私》の存在である。だから、各人は文字どおり完全に隔絶した世界を持たざるをえない。あるいは、世界が文字どおりそこからだけ開けている唯一の原点であらねばならない。

それゆえ、「私とは何か」と問われたなら、それを表現できる言語表現はもちろんないのだが、「現に与えられているこの森羅万象」という意味での「これ」というような表現を使って、「これである」と答えるのが最もふさわしい。すべての「私」にとって、である。これはつまり、すべての「私」が〈私〉としてしか——そういう種類の捉え方によってしか——自分を捉えることができない、ということでもある。「なぜかここに私（という不思議なもの）が存在してしまっている！」という、端的な、しかしその当人にとってしか意味を持たない、事実が存在することになるだろう。それはつまり、ここには「何の一例でもなく、まったく類例のない何か」が、「空前絶後の、まったく端的な、世界の開けそのもの」が、現出しているといわざるをえないということなのではあるまいか。

そうであればまた、すべての「私」は受肉の偶然性も感じうる（感じざるをえない）はずである。「私はなぜこいつなのだろうか」と。それはつまり、受肉の偶然性を感じることができるすべての「私」たちのうち、なぜ現実にはこいつが〈私〉なのだろうか、と問いうるということである。すべての「私」が、であるのだから、百年後の世界においてもそうであり、百年前の世界においてもそうであったはずである。

さてこれで、〈私〉から出発した第一の経路と、逆にそこへ到達しようとしたこの第二の経路は、たがいに逆方向から出発して、きれいに重なったのであろうか。それとも、なお重なりをはみだすものが残されているのだろうか。もし残されているとすれば、それは何か。*

＊　慧眼な読者はお気づきのことと思うが、ここに現れている問題は、私がマクタガートの「時間の非実在性」の内に（A事実とA変化＝B関係のあいだの相互的関係として）見出した「矛盾」の問題と同型である。それは『存在と時間――哲学探究1』（文藝春秋）においては「アキレスと亀」の関係に喩えられている。後者はさらに、次章で問題にするいわゆるルイス・キャロルのパラドクスとも関係している。様相にかんしても同型の問題が存在しており、この両方向からの説明を開始する直前に私は「一方は偶然性から可能性を導き出し、他方は可能性から偶然性を導き出す。その方向性の違いに応じて、「偶然」が（ある意味では）異なる二つの意味を持つことになる」と書いた。にもかかわらず、本章では、これらの点について触れることができず、さらに欺く神の問題との関係にも立ち戻る余裕がなかった。それらについては次章以降で。

第4章
相対主義とルイス・キャロルのパラドクス

偶然性の二つの意味

では早速、「一方は偶然性から可能性を導き出し、他方は可能性から偶然性を導き出す。その方向性の違いに応じて、「偶然」が（ある意味では）異なる二つの意味を持つことになる」から始めよう。このような捉え方をするためには、そもそも偶然性と可能性が対立していなければならない。この二つはどのように対立するのであろうか。そして、それらはどのように歩み寄りうるのであろうか。

通常、様相論理学などにおいては、偶然は「可能であって必然でないこと」のように定義される。可能性には必然性が含まれる（必然であることもまた可能であることの一種である）から、可能であることから必然である場合を除いた残りがすなわち偶然である、というわけである。そうだとすると、可能なことは（必然である場合さえ除けば）すべて偶然である、ということになる。これを可能世界という装置を使って表現するなら、偶然とはどこか一つの可能世界で成立していることだ、ということになるだろう。

偶然という語の通常の語感からすると、この捉え方は不自然に感じられるであろう。現実世界では起こっておらず、どこかの可能世界でだけ起こっているようなことは、（たとえ必然ではなくとも）たんに可能であるだけで、偶然の出来事であるなどとはふつうは言わない。偶然という語には、たしかに必然性の否定という含意があるが、それはたしかに「あらゆる可能世界において」成立することを否定しているとはいえ、だからといって「ある可能世界において」成立すると（だけ）言っているのではなく、もっと限定的に「現実世界において」成立すると言っている、と考えられるだろう。

この考え方においては、たんに可能であるだけかそれとも必然でもあるのか（ある可能世界においてなのかそれともあらゆる可能世界においてなのか）という対立に、さらに現実である（現実世界においてである）というそれらとは異質の新たな観点が介入している。この考え方においては、したがって、可能世界（現実世界以外の）においてだけ成立することは、たんに可能であるだけで偶然であるとは考えられない。

これが「「偶然」が（ある意味では）異なる二つの意味を持つことになる」ということの意味であり、ここが出発点である。ここから出発して、「ある可能世界において」成立するという偶然観と、「現実世界において」成立するという偶然観の両方の側から、互いに他方を同化する道筋をさぐるわけである。

というわけであるから、「一方は偶然性から可能性を導き出し、他方は可能性から偶然性を導き出す」という言い方は、それで意味は通じるだろうが、必ずしも正確だとはいえない。正確には、「一方は、偶然は現実世界にしかないという偶然観からあらゆる可能世界に偶然があるという偶然観を導き出し、他方は、あらゆる可能世界に偶然があるという偶然観から偶然は現実世界にしかないという偶然観を導き出す」と言うべきだろう。

ところでしかし、それはすでになされているともいえる。なぜなら、それぞれの可能世界にとっては（すなわちその立場に身を置けば）、それぞれの世界はそれぞれ「現実世界」であるから、[*] 他の世界からはたんに「可能な出来事」と呼ばれることはみな、それぞれにおいて「偶然の出来事」と呼ばれるだろうからである。このように、現実世界というあり方を固定せずに、それぞれの世界にとってのそれぞれの世界を「現実世界」とみなす考え方は様相実在論と呼ばれるが、様相実在論的に考えれば、可能性と偶然性は（必然性との関係以外では）区別できない。諸可能世界に偶然性が存在し、現実世界の偶然性もまたその一種にすぎないことになるからだ。

＊　それはつまり、それぞれの世界にとってはそれぞれその世界しか実在しない（その世界だけが実在する）ということである。現実世界もまたそのことの一例であるにすぎない。このような「それぞれ化」

された「しかなさ（だけ性）」を認めることと一緒になって、諸世界の共在は実現しているわけである。

もしわれわれが世界間で言語的交流をしているなら、しかなさの均等な配分としての様相実在論を採用せざるをえないだろう。私は他者と言語的交流をしているから、他者もまた（各々にとっては）「私」であると認め、逆に自分自身もまた「あなた」や「彼」であると認めざるをえず、現在は過去や未来と言語的交流をしているから、過去や未来もまた（各時点にとっては）「現在」であると認めざるをえず、逆に現在もまた「過去」や「未来」であると認めざるをえない。それと同じことである。現実には、われわれは世界間言語交流をしてはいないが、たんに可能性ではなく可能世界という考え方を採用する際には、あたかもそれをしているかのように（すなわち各世界ごとにそこだけが唯一の「現実世界」であるような主体が存在しているかのように）すべての世界を捉えるのである。*

＊　そうは言っても、現実にはそんなふうにはなっていないことを完全に忘れてしまうわけにはいかない。この点は、構造だけ捉えれば他者の場合も過去や未来の場合も同じことである。

では、前章の議論をそのような対立図式に従って解釈すると、どうなるだろうか。「偶然は現実世界にしかないという偶然観からあらゆる可能世界に偶然があるという偶然観を導き出す」に対応する前章の議論は、要約するなら「なぜか存在してしまっている前代未聞の唯一者からその同類を作り出す」ということである。「あらゆる可能世界に偶然があるという偶然観から偶然は現実世界にしかないという偶然観を導き出す」に対応する前章の議論は、要約するなら「同じ種類の複数の者たちの存在から、そのあり方の本質を抉り出すことによって、前代未聞の唯一者を導き出す」ということである。（以下では、論点を明快にするために、「偶然は現実世界にしかないという偶然観」の偶然を〈偶然〉と表記し、「あらゆる可能世界に偶然があるという偶然観」の偶然を「偶然」と表記することにする。）

どうしてそうなるのかは簡単にわかる。〈なぜか存在してしまっている前代未聞の唯一者からその同類を作り出す〉ことができるのは、この現実世界の〈偶然〉性を特権化せず、それをおよそ現実世界というものが持たざるをえない（という意味では必然的な）「偶然」性とみなすからである。そのことが偶然性を可能化するのである。〈同じ種類の複数の者たちの存在から、そのあり方の本質を抉り出すことによって、前代未聞の唯一者を導き出す〉ことができるのは、その逆に、およそ現実世界というものが本質的に持たざるをえない「偶然」性から（ただそこからのみ）この現実世界の〈偶然〉性を導き出しうる、と考えるからだ。そのことが可能性を偶然化するのである。（前章で論じたように、そして本章でも論じるように、どちらの考え方にも、そのように考えるべき理由がある。）

この機構は現実に、しかも成功裏に働いているのだが、じつのところは完璧に成功しているわけではない。おそらくここには、存在と無といえるほどの、考えられる最も巨大な落差が隠れているだろう。だから、この世界の成り立ちには巨大な誤魔化しがあるだろう。だが、それを抉り出して白日のもとにさらすのはそう簡単な仕事ではない。

いいかえれば、欺く神は二重の意味で負けたが、創造する神は（負けるとしても）一重の意味でしか負けないかもしれない。欺く神とちがって、その一方の側は自らの支配下に置ける可能性は高い。しかし、それでもやはり、他方の側は支配下に置けない可能性があるのだ。（この問題について手早くポイントを知りたい方は『時間の非実在性』（講談社学術文庫）の付論「端的な現在は語りうるか」の最初の二頁（二四一－二四三頁）をお読みいただきたい。）

以下では、ここまで論じてきた問題の射程の広がりを見るために、これと同型性が認められる問題のいくつかに、ここで一瞥を与えておきたい。いずれの問題も、後にさらに詳しくそれ自体として論じる可能性があるので、ここでは同型性が認められる観点の確認だけを目指す。

同型の問題1――相対主義

まずは相対主義という問題だ。これは比較的簡単である。プラトンの『テアイテトス』の最初のほうは、ずっと相対主義批判が展開されている。その際、相対主義は「それぞれの人が感じることや考えることがそれぞれの人にとってそのまま真理である」というような考え方だとされている。感覚や感情にかんしては、これはほぼ正しいだろう。多くの人が暖かいと感じる部屋の中にいても、「ここは私には寒い」とか「私には暑い」と感じることはありえ、事実そうであることが認められもするだろう。料理の味のように価値判断が入る事柄ならなおさらで、多くの人が美味しいと感じる料理であっても、不味いと感じる人はいるであろうし、その人にとっては不味いという事実は認められるであろう。どう感じるかは人それぞれで、どれもその人にとっての真理であろう。ただし、このような場合でさえ、一方ではやはり、客観的に暖かい部屋の存在や、客観的に美味しい料理の存在は、認められていはする。「この机の上には二冊の本がある」などになれば、各人の主観的知覚を超えた客観的事実の存在を認めるのは当然のこととされる。

たとえば、なぜ客観的に美味しい料理などというものがありうるのか、という問題は議論する価値のある十分に興味深い問題ではある。しかし、そうしたことはここでの主題ではない。ここでの主題は、客観的な真理があるという立場に対立するのは本当に相対主義という立場であろうか、という問題である。一歩譲って、かりにその対立はその対立で存在するとしても、その外に、なぜかプラトンはまったく問題にしない、しかしじつはそれこそが問題の出発点であったはずの、もう一つの別の立場があるのではないだろうか、という問題である。それは、「ここは私には寒い」を「現実に存在するのはこの寒さだけである」と捉え、「この料理は私には不味い」を「現実に存在するのはこの味のこの不味さだけである」と捉えて、そのことを決して相対化などしない立場である。つまり、「それぞれの人にとって、それぞれの感じ方や好みがある」などとは決して考えない立場である。すなわち、それぞれの人の立場などというものへの安易な超越を（客観主義への超越をゆるさないのと同様に）決してゆるさない立場である。少なくとも、「各人それぞれ」という立場への移行を（客観的真理への超越と同様に）そこからの超越の一歩と捉える立場である。

客観的な真理が存在するという立場から見れば、この二つは同じ穴の狢で、本質的に同じ主観主義的な立場に見えるかもしれない。しかし、この第三の立場から見れば、その絶対主義的な客観主義と相対主義的な主観主義こそがじつは同じ穴の狢で、本質的には同種の超越的な客観性の見地なのである。ただ超越の仕方が、いわば縦に（すなわち客観的な真理の視点へと）超越するか、横に（すなわち同格とみなされるそれぞれの視点へと）超越するか、という点で異なるだけなのだ。*

＊　さらに、相対主義の立場から見ると、他の二つが同じ絶対主義的な立場の二つの変種に見える、という点も重要である。今後の展開によってはそのことが主題になる可能性もあるが、現在の主題からは少し外れるのでここでは詳述しない。

なぜこの第三の立場が安易に相対主義と同一視され、早々にプラトン的な対立図式に組み込まれてしまうのか、という問題は議論する価値のある十分に興味深い問題ではある。しかし、そうしたこともここでの主題ではない。ここでの主題は、この第三の立場には前節で論じたことに対応する二面性がある、ということなのである。

単純に考えて、相対主義という立場が主張されるのは、客観的な学説としてか、あるいは利害の調整の文脈においてであって、ものごとが最初から相対主義的な主張によって始まることはまずありえない。ものごとが始まるのは、たとえば「私は寒い」という端的な主張から、であろう。実情に即せば、端的に寒い、とか、端的に暑い、とか、……といった事実があるだけであって、暑かったり寒かったり暖かかったり……する、とか、寒い人もいれば暑い人もいて人それぞれである、などという事実はまずは与えられていない。各人それぞれであるという視点に移るには、客観的真理への移行と同じく、最初に与えられた事実からの超越が必要なのだ。

にもかかわらず、客観的真理が存在するという立場に対立するのは相対主義という立場である、と容易に考えられてしまう理由は何であろうか。各人に相対的な真理という捉え方を念頭に置きさえすれば、主観主義的な発想のすべては考慮に入れられた、と考えられがちな理由は何か。それはおそらく、「各人」という捉え方の中に「可能な私」を読み込むという、じつはきわめて高度な発想が、そこに最初から内在していることによるだろう。この考え方においては、寒い人もいれば暑い人もいて人それぞれであるとしても、そもそもそういう発想に進む手前に歴然と存在する、しかし端的に感じられているのは寒さなのか暑さなのか、つまり自分自身は寒いのか暑いのか、いいかえれば各人の中のどれが自分であるのか、という最も乗り越え困難な巨大な問題が、なんと、すでにしてその内部に内在化されて、いともやすやすと乗り越えられてしまっているのである。

この発想が「あらゆる可能世界に偶然があるという偶然観」（すなわちカギ括弧の「偶然」の立場）に対応することを見て取ることは容易であろう。先ほど私は、この発想を疑問視する文脈において、「実情に即せば、端的に寒い、とか、端的に暑い、とか、……といった事実があるだけであって、……」と言った。しかし、この言い方はすでにしてこの発想法に汚染されているだろう。もっと実情に即せば、「端的に寒い、とか、端的に暑い、とか、……といった事実」などありえないからだ。端的さは一つしかありえない。端的に寒いことと端的に暑いことは、決して両立しない。しかし、そのことを逆から見れば、「実情に即せば、端的に寒い、とか、端的に暑い、とか、……といった事実があるだけであって、……」という無意識に相対主義に譲歩した語り口の中にも、すでにして唯一の端的な事実の存在が主張されている（そこに内在している）、ともいえるわけである。

端的さを強調する立場は、「偶然は現実世界にしかないという偶然観」（すなわち山括弧の〈偶然〉の立場）に対応する。これによれば、唯一現実の端的に与えられたものがあるだけである。ここからは、客観的に存在する真理が導き出せないのと同様に、各人各様の真理があるという事実もまた導き出せない。ここには、相対主義から要請される各人の個別性という事実とは別の事実があるのだ。個別的なその各人たちのうちのある一人がなぜか私である（その他は他人である）という事実である。ここでのポイントは「このこと自体が各人に成り立つ」のではないという点にある。しかしもちろん、とりわけ問題の伝達の場面では「このこと自体が各人に成り立つ」と読み換えられて伝達されることになる。端的さの語りの内に、他者における端的さ、あるいは可能的な端的さ（「実情に即せば、端的に寒い、とか、端的に暑い、とか、……といった事実があるだけ……」、といったような）の容認がすでにして含まれていることになるのだ。実際、そのような容認をいっさい拒絶できる語法は存在しない。

だから、相対主義という考え方はここで述べてきたような問題まですでに考慮に入れたうえで成り立っている（むしろそうでしかありえない）と見ることもできはするのだ。もしそうであるとすれば、各人の個別性という問題とは別の問題だと見えたもの（すなわち端的な〈私〉の存在という問題）のうちにのみ各人の個別性という捉え方の根源があって、その可能性の源泉はじつはそこにしかない、と見ることもできることになるだろう。*

＊　カント倫理学に代表される古典的な倫理学文献において、客観的な義務論や正義論の立場から、功利主義と利己主義（というむしろ対極にある立場）がしばしば同一視される、という問題もこの節で論じてきた問題と関係している。論脈的には本質的とはいいがたいので、残念ながらここでは論じられないが、いずれ機会があれば論じたい。

同型の問題2——ルイス・キャロルのパラドクス

次は、ルイス・キャロルのパラドクスである。これは、事柄自体はさほど難しくはないとはいえ、これまで論じてきた問題との関連をそこに読み取るには、洞察を必要とするだろう。まずは要点を簡略化して紹介するが、もとの内容を知りたい方は『不思議の国の論理学』(ちくま学芸文庫)をお読みいただきたい。

アキレスが亀に対して、次のような推論を提示し、(A)と(B)を真であると認めるなら、論理必然的に(Z)も真であると認めざるをえないのだ、と言うところから話は始まる。

(A) PならばQである
(B) Pである
(Z) Qである

しかし亀は、(A)と(B)を真であると認めているのに、(Z)を真であると認めようとしない。アキレスは、(A)と(B)を真だと認めたなら、論理必然的に(Z)は真だと認めざるをえないのだ、と亀を説得する。すると亀は、「認めるにやぶさかではないが、そうであるなら、あなたのおっしゃるその論理必然性それ自体を、前提に加えなければなるまい」と言う。アキレ

スはしかたなしに、

（C）　PならばQでありそしてPである、ならばQである

を前提に加えて、「これでどうだ、（A）と（B）と（C）を真だと認めたなら、君は論理必然的に（Z）も真だと認めざるをえないはずだ」と言う。すると亀は、「認めるにやぶさかではないが、そうするためにはさらに、そのことを、すなわち、

（D）　PならばQでありそしてPである、そして（PならばQでありそしてPである、ならばQである）ならばQである

ということを、やはり前提に加えて、（A）と（B）と（C）と（D）を真だと認めたなら……、としなければなるまい」と言う。アキレスはしかたなしに……

という話である。亀の要求を呑み続ければ、いつまでたっても「Qである」という結論に行きつけないことは言うまでもない。この話は、ここで現に働いている論理必然性そのものを他の命題と同種の一つの命題として同じレベルに並べてしまうことはできない、という教訓として捉え

られることが多い。（A）や（B）は偽であることもありうるが現実にたまたま真であるような命題を表現しているが、（C）はそうではなく、およそこの種のことを考えるためには真でなければならない推論規則を表現しているのだから、それを（C）のような形で（A）や（B）と並べて付け加えることはできないのだ、と。

しかし、ここにはその切断とは別の種類の切断を読み取ることもできる。いや、それをこそ読み取るべきだろう。亀の提示する（C）とはそもそも何なのであろうか。それは、（A）と（B）から必然的に（Z）が帰結するというアキレスの主張と、まったく同じことを繰り返しているだけだ、ともいえるだろう。その証拠に、アキレスの主張そのものを、最初から（C）のように書くこともできた。それならば、亀はいったい何を主張したのだろうか。まったく同じことをあらかじめ言っても仕方なくはないか。実際、先ほど提示したような「ここで現に働いている論理必然性そのものを他の命題と同種の一つの命題として同じレベルに並べてしまうことはできない」という教訓をここに読み取る立場からすると、亀はアキレスが言ったことと同じことを、そこで現に働いている論理形式を、そのまま明示化して提示した、とされる。

しかし、アキレスの主張する（C）と亀の主張する（C）とは違うだろう。アキレスの主張する（C）は、「現に「PならばQである」ということが成り立っていてそして現にPであるのだから、どうしたって現にQである」ということだ。しかし、亀の主張する（C）はそうではなく、「もし「PならばQである」ということが成り立っていて、そしてもしPでもあるのだとしたら、どうしたってQでなければならないことになる」ということである。

（C）を記号化して、

（C´）（(P→Q)∧P)→Q

とすると、最後に出てくる「→」は、先ほどはどちらも「どうしたって」という日本語にしたが、その「どうしたって」の意味は異なっている。アキレスにおいては、それは「→」の左側（(A)と（B）に相当する）が現実に成立している（真である）ことを前提にして、だから、Qであるということになるのだ、と言っている。しかし亀においては、「→」の左側（(A)と（B）に相当する）がかりに成立している（真である）ことを仮定して、そうであるならば、Qであるということになる、と言っている。アキレスが「風が吹けば桶屋が儲かるという法則があって風が吹いているのだから、桶屋が儲かっている」と言っているのに対して、亀は「風が吹けば桶屋が儲かるという法則があって風が吹いているのならば、桶屋が儲かっている」と言っている。アキレスは現実世界の話をしているのに対して、亀は可能世界の話をしているわけだ。（もちろん、いかなる可能世界も、その世界にとっては現実世界ではあるのだが！）

亀の表向きの主張は、（C）のアキレス読みに到達するためには（C）の亀読みを介在させることが必要だ、というものだが、そう言いながらじつは（(D)（E）……を繰り出しつづけることによって）その到達を妨害し続けている。現実世界における到達そのものを次々と一つの可能世界におけるそれに変換していくのである。ゼノンのパラドクスでは、前方を走る亀をアキレスが追い越せないが、キャロルのパラドクスでは、前方を走るアキレスに亀がつねに追いついてしまう。アキレスは亀をどうしても引き離せない。なぜなら、その表向きの主張に反して、実のところは亀は暗に「現実世界の現実性自体はいったいどこから出てくるのか（どこからも出て来ないではないか）」と言っている（言わずに示している）のだから。*

* たとえばフレーゲの判断線からアイデアを借りて「現実性記号」のようなものを作ってみても無駄であろう。亀はそれを可能な現実性として読みつづけるであろうから。

これは、少しもふざけた話ではなく、実際に起きていることではないか。先ほどの話とつなげるなら、唯一端的に存在する（実はそれしか存在しない）この〈端的〉な寒さの存在が一般的に存在しうる（各人がそれぞれ持ちうる）「端的」さの一例として読み換えられる際に。しかし、そう読み換えられざるをえないだろう。少なくとも他者が（異時点の自分でもだが）その種の（＝端的さの）主張をしたら、そう読み換える以外に理解する方法がない。もちろん、そこに〈端的〉さがあるのだろうという了解を含んだうえでだが、それがすぐさま一般化されねばならない。〈私〉と〈今〉の意味理解にかんしては、それ以外の理解の仕方があるとは思えない。キャロルのパラドクスは、そんな読み換えをしなくても理解できるはずの（なにしろ話ができる相手はみんなそこにいるのだから）端的な〈現実〉の存在にかんして、それと同じことを言ったところに隠されたポイントがあるのではあるまいか。〈私〉や〈今〉の現実性において最も先鋭な形で顕れる問題が、それ以前に〈現実〉そのものにおいて提示されているところに隠れた意味があるのではなかろうか。

ここで例にとったのは前件肯定式といわれる論理形式だったが、もとのキャロルの例は全称例化といわれるそれであった。しかし、私の解する意味では、同じ趣旨の問題は、さまざまな形を取って現れうる。もっとも代表的なものは、デカルトの「我思う、ゆえに我あり」そのものの解釈であろう。

デカルト自身はもちろんアキレスである。彼は「もし我が思っていれば、それゆえにその我は現存することになる」などと言ったのではない。「我は現にこのように思っているから、我は現にこのように存在している」と言ったのだ。だから、「我思う、ゆえに我あり」とは、じつのところは最初からいきなり「我思う、だから我あり」であり、そうでなければならなかった。だが、ホッブズを皮切りに――そしてもちろん当のデカルト自身を含めて――無数の亀読みが登場することになった（最も洗練された亀読みは、Ｊ・ヒンティッカの遂行論的亀読みだろう）。

思っている者は存在せざるをえないと同時に現に存在もしている。だが、それは別の二つのことではないのだ。なぜなら、思っている者は現に存在せざるをえないからである。そして、それにもかかわらず、そこで主張されている「現に存在せざるをえない」ことと、現に「現に存在している」ことは別のことでもあるのだ。（これは『時間の非実在性』でしつこく書いた、A事実（端的な現在の存在）とA変化（出来事は〈未来→現在→過去〉と変化する）の相互的な組み込み合いと同じことである）。

神の存在にかんするいわゆる存在論的証明は、一転がぜん亀が有利に見えるようになるとはいえ、本質的に同じ問題である。現実の百ターレルと可能な百ターレルは事象内容的な差異はないとは、アキレス読みと亀読みには違いがない、という意味である。この議論の内部にとどまるかぎりその通りなのであって、われわれはどこまでも現実性に出ることができない。（現実であることと可能であること——可能であるにすぎないこと——との差異でさえ、現実のその差異ではなく可能なその差異へと、どこまでも亀化できる）。どの場合にも、〈神〉の存在を主張する側は、最終的には無内包の現実性に至らざるをえないのだ。*

＊　これまた何度も書いてきたことだが、ウィトゲンシュタインが『哲学探究』の二六一節で言っている、人が哲学をする際についには到達する「いまだ不分明な音声だけを発したくなる段階」とは（おそらくはそこでのウィトゲンシュタインの主張に反して）ここでなければならない。

本章は、ここまでの議論と、D・ヘンリッヒが剔抉した「フィヒテの根源的洞察」とを、最後に関連づけて閉める予定であったが、そうすると長くなりすぎるようなので、ひとまずはここで区切ることにした。

第5章
フィヒテの根源的洞察から「二方向性」へ

前章の補足

フィヒテの根源的洞察に移る前に、前章の最後の三段落が舌足らずなので、ちょっと補足しておきたい。

まずは「思っている者は存在せざるをえないと同時に現に存在もしている」で始まる段落だが、これはもちろんデカルトの「我思う、ゆえに我あり」の話の続きである。しかし、そもそもこの言い方があまり精確でない。「思っている者は存在せざるをえない」ことがたとえ確実な真理だとしても、それゆえ「現に存在もしている」といえるかどうかは、意味のとり方によって一義的には決まらない（二義性がある）ということが、これまで論じてきたことであった。すなわち、「現に存在している」には、「思っている者は存在せざるをえないがゆえに現に存在している」という意味での「現に存在している」と、「思っている者は存在せざるをえない」という論理的連関とは独立に「なぜか現に存在してしまっている！」という意味での「現に存在している」の、二種類の「現に存在している」があるのだ。このことがここまでで繰り返し主張されてきたことである。

　ところが、ここにも組み込み合いが起こり、前者の「思っている者は存在せざるをえないがゆえに現に存在している」という意味での「現に存在している」もまた、その意味の源泉を後者の「なぜか現に存在してしまっている！」のほうの「現に存在している」に求めざるをえず、逆にまた、後者の「なぜか現に存在してしまっている！」のほうの「現に存在している」もまた、(その事実を他者に伝達する場合を考えれば明らかなとおり) その有意味性の根拠を「思っている者は存在せざるをえないがゆえに現に存在している」という論理的連関に求めざるをえない。

　以上が、その段落で舌足らずに言われていることの趣旨であった。最後の括弧内に言われていたように、したがってそれが「A事実とA変化の組み込み合い」と同じことを言っていることは明らだろう。

　次に、存在論的証明について。存在論的証明とは神の概念のうちに「現実に存在する」が含まれているということから、神が現実に存在することを証明するものである。アンセルムスやデカルトやヘーゲルのようにこの証明が成り立つと考えるのがアキレス派で、ガウニロやカントのようにこの証明は成り立たないと考えるのが亀派である。亀派は、神は概念上現実に存在することになっていることは認めるが、だからといって（そのことからは）現実に存在することにはならない、と言う。現実に存在することは、そうした事象的な意味内容（「世界の創造者である」とか、「全知全能である」とか、……）に含まれえないからである、と。

　そのことを例解するためにカントが出した例が、現実に存在する百ターレルと可能的に存在するだけの百ターレルのあいだには（存在と無というこれ以上ないほどの巨大な差異があるにもかかわらず）事象内容的《レアール》な差異はまったくない、という例であった。存在するか存在しないかは、それが何であるか（百ターレルである、古い紙幣である、十四キログラムである、……）とは独立だからである。だからこそ、無かったそれが（そのままで）在るようになったり、在ったそれが（そのままで）無くなったりすることができるわけである。

　ちなみにこのことは、現在だったことが（そのままで）過去になったりすることにもあてはまる。存在が事象内容的《レアール》な述語ではないように、現在も事象内容的《レアール》な述語ではないのだ。もちろん〈私〉もである。だから、〈私〉でなかった人が（まったくそのままで）〈私〉になったり、〈私〉であった人が（まったくそのままで）〈私〉でない人になったりしても、それは存在と無のあいだの最も根源的な変化であるにもかかわらず、事象内容的《レアール》には何も変化しない。すなわち、その人はその人のままで、何一つ変化しない。

　話はさらに逸れるが、それぞれの可能世界が実在すると考える様相実在論という立場があった。これに従えば、現実の百ターレルと可能な百ターレルとの違いは、いわば属する世界の違いにすぎないのだから、諸世界を完全に鳥瞰的に見ることができれば、在る場所の違いとして事象内容化することができるだろう。時間に関するB系列論も同じことで、出来事の位置は何年何月何日の何時ということに尽きている（それぞれがそれぞれにとって現在であるだけである）のだから、その違いは事象内容的である。人称の場合は、これら（様相実在論やB系列論）に類する「諸〈私〉鳥瞰論」の立場には名前がない。その立場しか存在しないからだろう。それに対立する立場の側が、他の問題連関と混同されて、たまに独我論と呼ばれたりするだけである。

その段落の最後に括弧で括られてこう言われていた。「現実であることと可能であること（可能であるにすぎないこと）との差異でさえ、現実のその差異ではなく可能なその差異へと、どこまでも亀化できる」と。これがキャロルのパラドクスの教訓だとすれば、マクタガートのパラドクスも同型であろう、というのが私の見立てであった。〈私〉にかんする同型の問題は、かつてウィトゲンシュタインだけが『青色本』等で捉えたことがある。注で引用した『哲学探究』の二六一節における発言は、彼もまたその後問題を取り違えたことを示している。

同型の問題3——フィヒテの根源的洞察

私見によれば、フィヒテの洞察はまさにこの（アキレスと亀の）問題に関係している。D・ヘンリッヒ『フィヒテの根源的洞察』（法政大学出版局）の第二章第三節のフィヒテ解釈に従いつつ、そこに私の解釈も付け加えて、ここまでの問題とのつながりをまずは確認したい。

自己意識は概念であると同時に直観でなければならない。フィヒテによれば、「この点が、カントの体系に比べても、この体系の独自なところなのである」。しかし、フィヒテの自負に反して、これは自明だともいえよう。現に存在する唯一の自分自身の存在に（すなわちその唯一性とそれが現に存在していることに）気づかないままに、ただ「私」という一般概念を持ったとしても、「私」とは何であるかを知ることはできないだろう。しかしまた逆に、「私」の一般概念を持たずに、ただ現に存在する唯一の自分の存在に（すなわちその唯一性とそれが現に存在しているということに）だけ気づいたとしても、いったい何に気づいたのか、肝心のそのことがさっぱりわからないであろう。唯一の実例の存在に気づくためにはその一般概念をあらかじめ持っていなければならず、一般概念を持つためにはその唯一の実例の存在にすでに気づいていなければならない（そしてまさにそのことからこそ——すなわちその唯一性とその実存からこそ——一般概念を構成しなければならない）というわけである。これは自明のことであると同時にまた驚くべきことでもあるのではなかろうか。どうしてそんなことが可能なのか。

理由はおそらく、第3章の「独在性の二重性」と「両方向からの説明」で詳述したように、まさしく両方向からの説明が成り立つような二重性に由来するはずである（前章の議論はすべて第3章のその議論に付属するものであった）。この二重性が「A事実とA変化の相互的な組み込み合いと同じことである」ということはすでに何度か指摘したが、本書の中ではまだ説明されてはいなかったので、ここではそれを説明することから出発して、フィヒテの洞察の可能性の根拠を理解することにしよう。

まず、A事実とA変化は独立である。A事実とは、端的な現在がどこにあるか、ということであるから、私がこれを書いている時点では二〇一七年八月二十一日の午後五時あたりにある。これは端的な事実である。[*] A変化とは、いかなる出来事も〈未来である→現在である→過去である〉と変化するという一般的事実のことであるから、すでに過去である真珠湾攻撃にも、まだ未来である芦田愛菜の成人式にも、およそいかなる出来事にも、等しく当てはまる。すなわち、端的な現在の位置がどこにあるかとは無関係に。

＊ ただし、この端的な事実が実在するといえるかがまさに問題である。「今は二〇一七年八月二十一日の午後五時だ」という端的な事実がある、と言いたいところだが、そんな端的な事実などそもそもない、ともいえるのだ。これについては『時間の非実在性』の一四九頁―一五一頁、一九三頁―一九六頁、二二三―二二五頁、二四三頁―二五二頁などを参照していただきたい。

とはいえしかし、この二つが完全に独立していることはできない。まず、端的なA事実もまたA変化する。先ほど、端的な現在は二〇一七年八月二十一日の午後五時あたりにある、と言ったが、それはもう過去になってしまった（現在はすでに午後九時過ぎである）。次に、およそ出来事（あるいは時点）というものが持たざるをえない本質的性質であるはずの〈未来である→現在である↓過去である〉というA変化もまた、とりわけその「現在である」にかんしては、その意味理解の源泉を端的なA事実に求めざるをえない（たんなる概念的な理解だけで完結することはできない）。繰り返すが、この議論についてはマクタガート『時間の非実在性』のなかの私が書いた部分でしつこく論じられているので、詳しくはそちらを参照していただきたい。

ここまでですでにして、「自己意識は概念であると同時に直観でなければならない」というフィヒテの洞察との対応は明らかだろう。一般的なA変化もまたその意味理解の源泉を端的なA事実に求めざるをえないことは、自己の一般概念を持つためにはその唯一の実例の存在が不可欠であることに対応している。端的なA事実もまたA変化せざるをえないことは、自己の唯一の実例もまた一般概念を必要とすることに対応している。

しかしもちろん、この事態を表現するのに概念と直観という対比では役不足*である。何よりもまず、直観という概念には唯一の実存という含意が決定的に欠けている。問題の根源は、概念の実例となるものがじつは一つしかないという点にある。複数の事例が対等に存在する木や雷や暑さや……とは違って、本当の今はこの今ひとつしかなく、それ以外の今はじつは過去か未来であり、本当の私はこの私ひとりしかおらず、それ以外の私はじつは他人である。しかしまた、どの時点もその時点にとっては今であり、どの人もその人にとっては私である。という意味では、問題の根源はこの二つの捉え方のあいだの矛盾にある。今や私は、木や雷や暑さ……と違って、概念の内部にこの矛盾が組み込まれていなければならないのだ。

＊「役不足」のこの用法は誤用であるという指摘を複数の方からいただいた。しかし、これに替わりうるこれ以上ピッタリの表現が見当たらないので（だからこそこの誤用が広まったのであろう）、これは正用法に昇格させるべきであろう。

概念と直観という区別では、各人がみな平等にそれらをもちうることになるので、肝心のこの事態がうまく表現できない。実のところは、自我直観にも自我概念にも（現在直観にも現在概念にも）、すでにしてその内部にこの矛盾が組み込まれていなければならないからである。そして、組み込み合いながらも、決定的に乖離もしていなければならない。A変化が要求するA事実はどこまでもA事実そのものではないからである。思っている者は現に存在せざるをえないにもかかわらず、そこで言われている「現に存在せざるをえない」がゆえに「現に存在している」ことと、現に「現に存在している」ことは、決定的に乖離していなければならないのである。

以上を別の表現の仕方でまとめれば、世界のあり方が要請する開けの原点とその要請を超えてそれが現に存在していることの二つが、対立しながらも相互に組み込み合う、ということになるだろう。前者がすでに「それが現に存在している」という意味を（意味上）含んで成り立っているために、後者の現存在が「語りえぬもの」になる、という特殊なパラドクシカルな構造がそこに成立するわけである。アキレスはつねに一歩前に出るのだが、必ず追いつかれてしまうのだ

（いいかえれば、必ず追いつかれるにもかかわらずつねに一歩前に出てしまうのだ）*。

＊　ここでその問題に入るのは時期尚早感があるので差し控えるが、時間というものがこのような種類の矛盾によって成り立っていることは疑う余地がない（今が動くという発想は相対主義という発想と構造がそっくりである！）。ただ、ここで私がぜひ指摘しておきたいことは、時計の針は矛盾するこの二つ（動く今と端的な今）が結合した形象である、ということである。動く（A変化）という点が概念（あるいは亀）にあたり、端的にある一点を指す（A事実）という点が直観（あるいはアキレス）にあたる。このとき、たとえ針の側を止めて（＝視点を針の位置に固定させて＝針からの視界しか存在しなくさせて）文字盤の側を動かしたとしても、動かなくなったはずの針は暗黙のうちにやはり動き、事態はやはり「次々と新たなことが起こる」と表象されてしまう。ここでもなお、亀を追い払うことはできない。

〈私〉と〈今〉を〈現実〉から峻別する

以下では、これまでの考察を踏まえて、〈私〉とは何かという問題についてもう一度最初から考察しなおす。前章の最後に「〈神〉の存在を主張する側は、最終的には無内包の現実性に至らざるをえない」と言ったが、まずは、この無内包性（これは「何も寄与しない」ということと同じである）の細部のあり方に少し探りを入れよう。

この無内包（無寄与・無関与）ということを、言語ゲームに乗らない感覚の私的成分のようなものと混同しないことが、まずは肝要である。「E」と名づけられた「繰り返し起こるある感覚」（ウィトゲンシュタイン『哲学探究』二五八）は、たとえわれわれの営む公共的な言語ゲームに乗らないとしても（じつは同じものが繰り返して起こっているなどとは言えないとしても）、毎回感じられる何かとそれらが同じだと感じられるという事実は世界内に立派に実在し世界の内容に十分に寄与している（拙著『改訂版 なぜ意識は実在しないのか』（岩波現代文庫）では、この種のものを「第0次内包」と呼んで「無内包」と区別している）。それを感じているのが永井均という人物であるという事実もまた、世界内に立派に実在し、世界の内容に寄与している。実在せず、寄与もしていないのは、それを感じているのが〈私〉であるという事実である。

その人物が〈私〉であるという事実は、たしかに特殊な事実であって、百ターレルであるとかくすぐったいとか永井均であるとかいった特定の内包をもってはいない。しかし、だからといって、そこにあるのは可能性に対する意味での現実性（本質に対する意味での実存）の問題だ、といえるであろうか。というのも、もしそれだけのことなら（すなわち〈 〉という記法が普通の意味での現実性・現実存在を表現しているだけなら）、たとえば同じ内包をもつ永井均という人物が現実に存在している場合としていない（たとえば架空の人物である）場合の違いの問題と同じことになってしまうからである。もちろん、そうではない。そもそも〈 〉は、私と今と現実にしか適用できないが、そのそれぞれで適用基準は独立である。

〈 〉を、〈犬〉、〈地球〉、〈百ターレル〉、〈二一世紀〉、〈永井均〉、……のようには使うことはできない。いや、使ってその現実性（現実に存在していること）を表現してもかまわないのだが、それは、〈私〉や〈今〉の場合と違って、現実世界に存在することを意味するだけである。すなわち、各可能世界にとっては、そこに存在することが「現実に存在する」ことであり、そのこと自体はどの世界においても共通である、という考え方も一応は認めたうえで、そうではなく唯一の真の現実世界に存在するということを、その〈　〉は意味することになる。

これに対して、〈私〉と〈今〉は、その〈　〉の働きを「現実性」と性格づけるとしても、そういう現実性とは独立の成立基準を持つ。〈現実〉の成立が、諸可能世界における「現実」と唯一端的な〈現実〉との矛盾の成立を意味するとすれば、それと同型ではあるがまた別の矛盾が存在するわけである。諸可能世界のなかでの現実世界の中心性という問題とはまた別に、現実世界の（あるいはそれぞれの可能世界の）内部に、諸「今」たちのうちの唯一の現実の〈今〉、諸「私」たちのうちの唯一の現実の〈私〉という問題があるからだ。それらがまた別の、独自の中心性構造を作り出すわけである。

前々章、前章と、ここまで論じてきたことを、話が次の段階に進むと忘れてしまう人がいるのでもう一度確認を入れておくなら、ここに矛盾があるというのは、「現実」と〈現実〉、「今」と〈今〉、「私」と〈私〉のあいだに矛盾があるということだけを言っているのではない。世界の場合でいえば、諸世界のうちのどれかが必ず現実世界でなければならないことと、これがその現実世界であることのあいだにもある種の矛盾がある、と言っているのである。時制の場合でいえば、諸「今」のうちのどれかが必ず〈今〉でなければならないことと、これがそれであることのあいだにも、人称の場合でいえば、諸「私」のうちのどれかが必ず〈私〉でなければならないことと、これがそれであることのあいだにも、ある種の矛盾があると言っているのである。これは、「　」と〈　〉のあいだの矛盾ではなく、いわば《　》と〈　〉のあいだの矛盾である（これはもちろん「いわば」であって、そもそも「　」と《　》の関係自体がそう簡単なことではないことはすぐにわかる）。

独在性の二重性2

世界というものは「すべて」であるというほかには特徴づけようのない、その意味で無限定なものである（それゆえ、各可能世界がそれぞれにおいて現実世界であるという考え方を取り入れて、世界にかんする「　」と〈　〉の対比を、「現実」と〈現実〉と表記することもできた）。しかし、〈私〉と〈今〉にかんしては、その〈　〉が何を意味するかを問題にするに先立って、〈　〉の付かない（というか〈　〉が付くか付かないかには関係のない）私や今そのものが何を意味するのかを、それ自体で特徴づけ、限定しておく必要があるだろう。

『存在と時間――哲学探究1』において、私はこれを第一基準という形で与えている。それは、「その目から世界が現実に見え、その体だけが叩かれると現実に痛く、その体だけを現実に直接動かせる、……人物である」というような基準であった。[*] 一見して明らかなように、これは、およそだれであれ一般に自分自身というものを識別して捉えるための基準であって、その意味では「私」の識別基準なのだが、そこには「現実に」という仕方ですでにして〈　〉的な意味が入り込んでしまっている。だから、これはいわば《私》の成立基準なのだが、それを入り込ませることなしに「私」概念を十全に提示する方法はありえないのだ。

＊　たまたま例にとられているのは外界の知覚と身体感覚と自ら身体を動かす能力の三つだが、第二基準との関係をはっきりさせるためには、記憶の例を入れたほうがよかっただろう。第二基準は同じ私であり続けるための基準であって、その中核をなすのは記憶の内容なのだが、第一基準において不可欠なのは（その内容はどうであれ）ともあれある統一的な記憶が（なぜかそれだけが）現に与えられてあるということである。記憶のもつこの二面性（その内容となぜかただそれだけが現にあることの）が二つの基準を繋いで、私を世界に受肉させている。
　また、この基準は「その時点において世界が現実に見え、……」などとすることによって〈今〉の第一基準に作り替えることができるが、その際、「見える」「痛い」といった心的述語が使われる必要はなくなるが、かわりに現在形を使わざるをえなくなって、表現上トートロジカルな主張になってしまうという問題がある（〈私〉の場合は動詞に人称語尾変化があっても第三人称が使えるが）。この種の問題は「分析哲学」の問題としては興味深い論点である。もっと事象内容的な問題としては、〈今〉には第二基準にあたるものがないということがある（A変化は第一基準の内部に組み込まれうるであろうから、むしろ強いていえば、他者と〈今〉を共有できているといえるための基準がそれになるかもしれない）。

だれもがこの第一基準を使って自己自身を（他のものから）識別していることは疑う余地がない。もちろんここにも、他我認識にかんする通常の懐疑論を持ち込むことはできる。だが、ある人がこのような仕方ではなしに（おそらくは何らかの物的あるいは心的な特徴*を手掛かりとして）自己を識別しているケースを想定してみることは、その人にクオリアが欠如しているケースを想定するよりもはるかに難しくはないだろうか。クオリアが欠如した人をたんに「ゾンビ」と呼ぶ風習にあやかって、このような仕方ではない仕方で（すなわち自分のもつ何らかの事象内容的な特徴を手掛かりとして）自己を識別している人を「「私」ゾンビ」と呼ぶとすれば、ゾンビであることなしに「私」ゾンビであることは（いかにして）可能だろうか。

＊　これはたとえば、いつもある特殊な感覚を感じているという心的な特徴である。しかし、たとえそれを感じなくなっても「私は物心ついて以来ずっと感じてきたあれを感じなくなった」と分かるであろう。問題になっているのは、それが分かる「私」の成立基準である。

その点はもちろん大いに注目すべき点ではあるのだが、そこに〈　〉以外の要素も含まれている点にも同様に注目しなければならない。「その目」「その体」といった身体的要素もある程度の重要性を持つが、それ以上に重要なのは「見える」「痛い」「動かせる」といった心的要素であり、それらを総合している「人物（person）」という意識主体の要素である。とはいえしかし、それらはいずれもそれが実際に（つまり現実に）感じられることによってのみ実在することになるのだから、ここにはもしかすると循環構造が隠れているかもしれない。「見たり、痛がったり、動かしたりする、主体」といった概念は、じつのところはその現実性（つまり〈　〉の成分）からしか備給されえないのかもしれない。* （この点については終章で論じる。）

* 「人物」と表現されていた「主体」の要素を「時点」や「出来事」で置き換えると「今」の第一基準ができるが、その際に心的要素の代わりをするのは現在形であろうから、こちらの場合にはよりあからさまな言語的意味における循環（というより直接的な同義反復）が含まれていることになるだろう。すでに述べたように、この種の問題は分析哲学の問題としては興味深い。

そうだとしても、少なくとも一見したところでは、あるいは表面的には、ここには二つの層があるように見える。「見る」や「痛い」や「動かす」や「人物」のような何らかの事象内容（内包）と、そのうち一つだけが現に与えられているという現実性（無内包）との二層である。（ここから先は、この節のここまでとは逆に、その二つの決定的「乖離」の側の話に移ることになるが、）そうすると、まず、こういうことになるはずだろう。世界には、第一基準によって自己を識別し把握している無数の主体（すなわち諸《私》たち）が存在しており、そのうち一つが現実の〈私〉

である、と。しかし、そうだとすると、無数のそのような主体（諸《私》たち）のうちから、唯一の現実の〈私〉はどのように識別されうるのだろうか、という問題が生じる。第一基準はもう使えない。なぜなら、それはもうみんなが使っているのだから。だとすると、それを使って捉えることができる諸《私》たちのうち、どれが〈私〉であるかは、何によってわかるのだろうか。

もちろん、なぜか現にそれである（そいつを殴られた時しか現実には痛くない、……、等々）によってであろう。しかし、そう言ってしまえば、それはまた第一基準である。だれもがそのやり方で自分というものを捉えているのである。もし、問題の意味がわかっているなら、このような仕方で、第一基準を超えた無基準的な〈私〉の存在が垣間見られはするだろう。ところが、今度はそのことそれ自体が、またしてもだれにでもあてはまることになる。このようにして、亀はどこまでも追いついてくるのだ！　もはや何も言えなくなって、「いまだ不分明な音声だけを発したくなるような段階」に達したとき、アキレスが亀を振り切る瞬間が確かにありはするのだが、「そのような音声もまた、一定の言語ゲームのなかにあってのみ一つの表現になっている」という形で、亀は追いついて来ざるをえないのである。*

＊　この引用はウィトゲンシュタイン『哲学探究』の二六一節からのものだが、繰り返して注意を喚起しておかなければならないことは、そこにおける彼のこの発言は「感覚E」という私的に同定された感覚を表現する私的言語が可能であるかどうかという論脈に位置づけられており、それは完全に的はずれだ、

ということである。そもそも「私的言語は可能か」という問題設定自体が無内包と第０次内包の混同によって成立した混乱した問題設定であることはほぼ疑う余地がない。

以上、〈私〉について述べてきたことは〈今〉にもそのまま当てはまるだろう。どの今にかんしても、まずはそれを限定する（おそらくは「出来事」や「時点」という概念によって）何らかの事象内容（内包）があり、次に、そのうち一つが現に起こっているという、その（無内包の）現実性がある、という二層をなしており、しかもその二つは前者の中に後者が（事象内容化されて）入り込むという構造をしている。だから、〈私〉の場合の第一基準に対応する基準は〈今〉にもあるとはいえ、それを適用するだけで、最終的な現に現実のこの〈今〉を捉えることができるというわけではない。その基準はいつの〈今〉の把握にも使われているからである。

〈経験的・超越論的〉二重体の真実——一方向性へ

この連関で論じるべき問題はまだかなり残っているのだが、いつまでも続けていると本質的な問題が見失われてしまう恐れがあるので、ここで、この章の最後に、本来はもっと後で語るべきある種の結論的なことを言っておこう。

二層構造から明らかなように、〈私〉であれば必ず人物（主体）であり、〈今〉であれば必ず出来事（時点）で（も）ある。それらはいずれも通常の世界内存在者で（も）あり、だから当然、

〈私〉や〈今〉の側からだけではなく、客観的（時間の場合は時点貫通的）視点の側からも立派に実在するものである。したがって、それらには二面性がある（その二面性こそがそれらの本質的特徴である）と言えそうにみえる。しかし、そこには二つの側面が一つのものにおいて結合した一個の構造体が存在している、というわけではないのだ。どちらの側から出発しても同じ一つのものに行き着けることは確かなのだが、にもかかわらず、一方の側からそこへ辿り着いた場合にはもはやもう一方の側に抜けることはできないのだ。

各人の意識の私秘性という問題なら、あちらにあるものをこちら側から見ても、またこちらにあるものをあちら側から見ても、（直接経験できないだけで）存在はしているといえるであろう。あるいは、存在しているといえるかどうかを懐疑論的に議論して、存在していない場合はゾンビと呼ぼう、などと論じていくことができるであろう。〈私〉にせよ〈今〉にせよ、〈　〉が表現する本来の独在性は、そのような捉え方はまったくできない。それらは、客観的な（もちろん各人の心の中という意味での主観的な世界を含めた意味での客観的な）世界把握から出発した場合には、そもそも存在していないからである。それがじつは存在しないのではないかと疑ったり、存在する場合と存在しない場合とを分けて考えてみたりするなどということは、そもそもできない（このことと、先ほど触れた「「私」ゾンビ」の想定の困難の問題とは別の問題なので混乱なきように）。

客観的世界の側からそもそも存在しないとは言っても、出発点を逆にして、こちらから出発すれば、そこから客観的（＝相対主義的）世界を構成して、おのれをその内部に（人物や時点として）位置づけて実在させることなどはできる。それは伝統的に超越論哲学としてなされてきたことの本質であったろう。われわれの客観的世界はその世界の内部にはもはや存在しないものから開始されているということはおそらくは紛れもない真実なので、それは有意義な仕事ではあった。しかし、その逆のルートは存在しないのだ。重要なのはむしろその点である。客観的世界を構成しておのれをその内部に位置づけたあかつきには、その世界の側からその道を逆に遡る道はもはや存在しないのだ。おそらくはこれ（この存在しなさ）こそが「独我論」という発想の最も根底にある問題であろうと思う。

超越論哲学の問題を離れて、もっと一般的に言えばこうだ。「〈私〉は、……世の中で永井均と呼ばれている人間である」と発見するこのルートは確実に存在している。しかし、その逆に、世の中で永井均と呼ばれている人物の心や体や自然的・社会的諸関係をどんなに細密に探究しても「永井均という人物は、……〈私〉である」と発見できるルートは存在しないのである。[*]

＊　これが、この章の最初の注（七二頁）で触れた「そんな端的な事実などそもそもない、ともいえる」という問題である。戻って確認していただけると有難い。

第6章
デカルトの二重の勝利

デカルト的コギトの二重性

本章では、前章の最後に触れた一方向性に関連して、デカルトの「コギト・エルゴ・スム」の二重の意味を再考していく。

〈私〉や〈今〉は間違いなく——デカルトが示したようにこれ以上に間違いのないものはないほどに間違いなく——存在するのだが、それにもかかわらず、それはこちら側からだけのことであって、諸々の「私」や「今」が並列的に共在するあちら側から見ると、そもそも存在しない。*マクタガートの用語を使って表現してよいなら、端的なA事実の側からはおのれをA変化＝B関係の内へと位置づけていけるが、A変化＝B関係の側からは端的なA事実はそもそも実在していない、ということだ。A事実はA変化から要請されるかぎりでのA事実でしかないことになる

（あるいは、その二つは同じものになる）。[**] 何らかの記号によってこれを指して他者に（すなわち他の「私」たちに、または他の「今」たちに）その〈現実〉性を主張することはできない。それでもそういう主張をする言語こそが、本来の意味での（すなわち不可能な）私的言語であるといえる。[***]

＊　今の側から出発すれば、今は何月何日何時何分かな、と思って調べることによって、何月何日何時何分かがわかる。そういうルートがある。しかし、その何月何日何時何分の側から出発すると、それをどう調べても、それが今であるか否かを知ることはできない。そういうルートはない。というより、そちらの側から見たときには、悠久の時間のうちどこかが今であるという事実そのものがない。このことはじつは時間の経過という問題から生じているのではない。なぜなら、同じことは〈私〉の存在についてもいえるからである。私の側から出発すれば、私はだれかなと思って調べることによって、だれであるかがわかる。そういうルートはある。しかし、人間たちの側から出発すると、それらのうちのどれが私なのか、どんなに調べても決してわからない。そういうルートはない。というより、そちらの側から見たときには、たくさんの人のうちだれかひとりが現実の私であるという事実そのものが存在しないのだ。

＊＊　何度も繰り返して言ってきたことだが、もういちど言っておくなら、その二つが同じものになることがすなわち「独我論は語りえない」ということにあたる。

＊＊＊　したがって、これを〈私〉や〈今〉の問題にではなく、世界そのものの〈現実〉性の問題に適用するなら、この世界が唯一の〈現実〉であることを暗黙の前提として、その内部で流通しているわれわれの言語は、この世界の私的言語である。その場合、公共言語はどのような言語であろうか。デイヴィ

ッド・ルイスは実在しないお姉さんについてこう言っていた。「すべての現実の人々が、絶対的な現実性についてこのような直接的な見知りを本当にもつのであれば、私に姉がいると仮定するだけで、彼女もまたそのような直接的な見知りをもってしまわないだろうか」（『世界の複数性について』名古屋大学出版会、一〇三頁）と。お姉さんは彼女が存在するその可能世界において直接的見知りをもち、そのことによってそれが現実世界だと知る。われわれのこの世界における他人や、過去や未来の人がそうであるように。これは自明のことでなければならない。そう捉えるのが公共言語であることになるだろう。その場合、この公共言語の側からどれが現実世界であるかを探り当てることができないことはいうまでもない。なぜなら、そんなものは実在しないからである。

なるほど欺く神は、何に対しても「私は在る」と思わせることができるだろう。彼がたとえば、東京スカイツリーを欺いて（？）「私は存在する」と思わせたとしよう。これはもちろん、「東京スカイツリーは存在する」という意味ではなく、「たまたまなぜか東京スカイツリーという物体に受肉した、世界がそこから開かれる唯一の原点が存在する」という意味である。欺く神に欺かれて存在するかのように思わされているだけなのだから、それはもちろんじつは存在しない。と言いたいところではあるが、そうはいかないだろう。周囲が大海原であろうと樹海であろうと、大都会の雑踏が見えていればその見えはやはり存在し、脳や神経の状態がどうなっていようと、ともあれ奥歯が痛く感じられればその痛みはやはり存在している。そうしたものはその本質そのものが現象（見かけ）なので、「実は」存在しないということができない。はじめから「実は」

性を欠いているからだ。「私」の存在も、その点では同じなのである。だれに騙されて成立していようと、自己確証されてしまえばそれはすでに現実に存在してしまっている。何らかの別の根拠によって、実は存在していないのだといえる可能性はもうないのだ。「私」もまた、はじめから「実は」性の世界の存在者ではない。一つの解釈では、これこそがデカルトの発見だったといえる。

「欺くならば力の限り欺くがよい。しかし、私がみずからを何ものかであると考えている間は、けっして彼は私を何ものでもないようにすることはできないであろう」[*]と、デカルトは言った。それゆえに、世界の存在も、自分の経歴（の記憶）も、数学的真理も、およそ何もかもが（欺く神に騙されてそう思わされているだけの）虚偽であったとしても、私が存在しているというそのことだけは（たとえ欺く神に騙されてそう思わされているだけだとしても）虚偽ではあることはできないのだ、と。

＊ 中央公論社版の森啓・井上庄七訳による。これは直訳というよりは意訳に近く、またこれ以前にもこれ以後にも多くの邦訳があるが、私はこの訳（の強調の仕方）を最も好む。

もしそうだとすれば、デカルトは「私は存在する」というただ一点においてだけはこの神の欺き行為を無効にすることができることになる。だとすれば、これは大変な発見であるといえる。

とはいえ、これは一般的な真理にすぎない。東京スカイツリーにおいて成立したその「私」は、もちろんデカルトの「私」でもなければ、私の「私」でもない。それはそいつの「私」であるにすぎない。そんなものが存在したかどうか、われわれには決してわからないはずだ。それがわかるのは当事者であるその「私」（と欺いてそれを作り出したその神）だけであるはずだ。それにもかかわらず、もし欺く神がそのような欺き行為をおこなえば、そこに疑う余地なく存在する「私」が成立してしまうことは疑う余地がないのである。しかし、そうだとすると、デカルトの場合に疑う余地なく成立した「私は存在する」という真理は、この一般的真理のたんなる一例だったことになるだろう。これは一般的真理であるから、当然のことながら、当事者であるその「私」の側からも、その外部の諸「私」並存的な世界の側からも、どちらからでも捉えられる場所に成立している。こちら側からでもあちら側からでも同じものに行きつけるわけだ。

　しかし、もしそれだけのことでよいなら、いつでもどこでも——百年前にも百年後にも——同じことは成り立っているはずである。しかし、現在のわれわれの世界においては、それ以上のことが成立してしまっている、といえるはずだ。すなわち、こうした一般論でその存在が「疑いえない」ものとなることを超えた、さらに別の種類の「疑いえない」ものが存在してしまっている、ともいえるはずである。[*] それが〈私〉の存在である。デカルトはそれを捉えた、とみなすこともできるのである。もしそうであれば、それはもはや一般論ではない。この場合にだけなぜか成立してしまっている奇跡的な出来事である。欺く神はそれが成立してしまったことを知らないのだ。

＊　この言い方で、この文章を読んでいるすべての人に当てはまる事実が語られていることになるだろう。そのこと自体は偶然的事実であるが、この段階でそのことのもつ意味を考察しているとメインの論旨が伝わりにくくなるので、ここではそれは無視して、読者の方々にはそれぞれ自分がなぜか（今は）存在しているという事実に焦点を合わせて、先を読んでいただくことにしたい。（また、過去や未来には自分は存在しておらず、存在しているのは現在だけだ、というような種類の問題意識を持つ方も、ここではその問題は棚上げにしていただきたい。生まれたときに存在し始めて死ぬときに存在しなくなる、というその点では素朴な捉え方をここでは一応受け入れて、それでもやはり存在する別の哲学的問題のほうだけに焦点を絞っていただかなければならない。）

すると、デカルトは欺く神との闘いにおいて二重に勝利してしまったことになるだろう。すなわち、欺く神の欺き行為は、デカルト的確実性の側から見て、二重に無効化されていることになる。いやいや、二つ目は無効化とさえいえないだろう。欺く神がすべてをその欺きによって成立させている（＝その欺き行為の作用域に外部はない）のだとすれば、彼はある意味では意図せざるもの（精確にいえば、そもそもそちら側からは意図不可能なもの）を作り出してしまったことになる。が、それは第一の場合のような欺き行為に相関的に作られてしまう存在者ではないから、彼が何を作り出してしまったのか、彼には理解することさえできないだろう。いや、それどころか、彼の側からは（作り出されたそれ以外のすべての側からだが）それは実在していないのだ。

したがって（というのは直前の文で括弧内で言った理由からという意味だが）、われわれもまたこのことの意味をデカルトという他者に即して捉えることはできない（厳密にいえばできなくはないが余計な回路を経ることになる）。私が読者諸賢と同じ立場でこの問題を語ることもできない（厳密にいえばできなくはないが偶然的事実に依拠した間接的な語り方になる）。なぜか存在してしまったのがこの私である場合《ケース》を考えるしかない。欺く神が東京スカイツリーを欺いて「私は存在する」と信じさせたとしよう。ところが、なぜかその「東京スカイツリーに受肉した、世界がそこから開かれる唯一の原点」は現実の〈私〉であったとしよう。これはもはや一般論ではない。世界が開かれる唯一の原点は、事実としてなぜか、東京スカイツリーに受肉したその一つしかないのだ。欺く神はもちろん、そんなものが存在してしまったことを知らないし、知ることもできない。だが、欺く神以外のだれであれ、やはりそれを知ることはできないだろう。そちら側からは存在していないからである。知ることができるのは、存在してしまったこの私だけである。問題は、その際に成立したその事実にある。

とはいえこれもまた架空の話である。この問題は、デカルトという他者に即して語ることも、読者諸賢と同じ立場で語ることも適切でなかったように、架空の話に即して語ることもある意味ではやはり適切ではないだろう。しかし、幸いにして、架空でない適切な事例がある。二〇一七年十月二日の、永井均の、この現実である。そこに、他の時点にも、他の人にも、架空の世界にも、成立していない問題の実例が成立している。なぜか知らないが、唯一の原点は、現実にこの一つしかないのだ。もちろん、そんな事実は外部からはそもそも存在しない。ここには、完全な反転構造が存在しており、しかもこちら側からしかその両側は見えない。* そのことこそがここでの主題である。

* 他の人からも形式上これと同じことが起こっているかもしれないが、それもまたこちら側から見れば外部のほうに属する話にすぎず、だから、たとえそうだったとしても、私からはそれを知ることはもちろん、それを考えることも、それを信じることも、できない。そういう種類の事実が在るのだ。

だから、「この実例がたとえあちら側からは欺く神の欺き行為によって成立したものという解釈が与えられていたとしても、それはこちら側からは無効であって……」などと言うことさえもはやできない。なぜなら、あちら側から捉えることができるこの実例など、そもそも存在しえないからである。それゆえ、欺く神が何をしようと、およそ私の存在には無関係であらざるをえない。むしろ逆に、欺く神の側があちらの世界の一存在者にすぎない立場に転落せざるをえないことになる。私は彼の存在（や非存在）を考えることも信じることも（場合によってはおそらく知ることさえ）できるだろうが、彼は私の存在（や非存在）を考えることも信じることも（だからもちろん知ることも）できない。

第一の解釈の場合と違って、この第二の解釈においては、〈私〉は、欺く神の欺き行為だけでなく、創造する神の創造行為をも超えて存在しうることになる。いや、超えてしか存在しえないことになる。〈私〉は、創造する神というものが存在すると考えたり信じたり（もしかすると知ったり）することができるが、創造する神は〈私〉が存在すると考えたり信じたり（そしてもちろん知ったり）することができない。そもそも外部からその存在が想定可能な種類の存在者ではないからである。外部からその存在を想定しようとしても、何を想定したらよいのかその意味そのものがわからない。したがってもちろん、創造する神はそれを創造することもできない。創造すべき対象の「何であるか」が与えられていないからである。*

＊ これは決して全能の神の無能ではない。全能の神でも、「たつけにいゆれなもの」も、「重さが一メートルの物体」も、作れない。対象の「何であるか」が与えられていないからだ。だから、それを作ることなどできてはならないのである。

ここで驚くべきことは、神の無知や無能といったことではなく、そのような仕方でのみ表現しうる（でしか表現できない）ような種類の事実が現実に存在するということのほうである。これは少しも抽象的な話ではなく、単純な現実の事実の問題だ。じつはデカルトはその事実を発見したのだ、とみなす第二のデカルト解釈が可能なのである。デカルト自身の明示的な記述にこの解釈を付与するのは無理があるにしても、彼がどう考えたにせよ、じつは裏からはたらいていたのはこのことでなければならない、と見なすことはやはり可能で、これがいわゆる「デカルト的コギト」から最大限の哲学的含意を抽出する方法であろう。*

＊　ところで、第一の解釈を採った場合には、デカルト的な「私」が創造する神の創造力を超えることはできない、という点は自明だと思うが、一応確認しておこう。その理由は単純で、この場合に欺く神ではデカルト的「私」に勝てないような仕組みを作ったのもまた創造する神であるはずだ、ということに尽きる。欺き作用が失効するという要素を度外視すれば、すべては神の意図の内部にきれいに収まってしまうほかはないだろう。しかし、第二の解釈の場合はそうはいかないのだ。

創造する神はもちろんだれにでも「私は存在する」という考えを持たせることができるが、それを持たされた者のうちのひとつがなぜか〈私〉である（ここでだけ世界のあり方が現実に反転してしまっている）ということだけは、神の創造ではありえない。神はそこで何が起こっているかを知りえない。このとき神に知りえないものが何であるのかを知ることは、非常に重要である。そこには、知的な意味で哲学的に重要であるということを超えた、喩えがたい種類の重要性があるはずだ。この点を深く理解するためには、もう一度あのフィヒテの根源的洞察をめぐる議論に立ち戻って確認しておく必要がある。

一方向的存在者

他者もまた第一基準を使って自己自身を捉えるほかはないということを、以前に論じた。しかし、そうであらざるをえないとわかる（知る）には、やはり私自身という実例から出発せざるをえない（すでに累進化をへてこのことを一般化した水準で語るなら、「私自身という実例」ではなく「自分自身という実例」と言ってもかまわないが）のであった。そうはいえるのだが、それでもやはり、他者においても成立するそのこと自体の一般的構造を先に知っていないと、自分の場合をそれの唯一現実的な事例であると捉えること自体ができない、ともいえるのだ。だから、可能な（しかし現実ではない）〈私〉という概念的な把握がぜひとも（いわば先回りして）必要なのである。ところが、そのためには……、というようにこの循環は続くのであった。これをフィヒテの根源的洞察の発展形としてフィヒテの根源的循環（略してフィヒテ的循環）と呼びたい。

循環が生じるとはいえ、そもそもこの循環を可能ならしめるためにも、つねにいわばアキレスが突出する（つねに亀に追いつかれるとはいえ）必要があった。すなわち、他者と私がある水準ではまったく同じ種類の存在者であらねばならない（そうでなければ今ここでしているような話を話し始めることさえできない）にもかかわらず、私にはその他者たちには現実には欠けている何かが現実にはある、という捉え方もまたできているのでなければならない。* その何かとは、要するに、みんなにあるはずのものが現実にはここにしかないという不思議な事実であり、それがなければ私というものは（たとえこの人間は存在しつづけても）存在しなくなってしまう。他者の存在ということの理解のうちに、すでにしてこの落差そのものが可能的な形で予め含まれていなければならないとしても、なおそうなのである。この「なお」のところがここでは核心である。

＊　ウィトゲンシュタインは、たとえば「正直なところを言えば、たしかに、私には他のだれにもない何かがあると言わねばならない」（「「私的経験」と「感覚与件」について」『ウィトゲンシュタイン全集』第六巻、三二三頁）というような発言を「独我論者」の発言と見立てて、そのように発言したくなるような世界観を治療しようと企てたように読める（『青色本』の有名な「何が見えていようと、見ているのはつねに私である」でも同じである）。しかし、もしそうだとすれば、この見立てもその企てもまったく的外れである。問題点はまったく違うところにある。まず、一つの水準では、だれでも自己を他者たちから識別する際に、そのような捉え方をせざるをえない、という点が重要である。それ以外に自己を把握する方法はないからだ。つまり、事実、自分には他のだれにもない「何か」が現にあるのだ。だからこそ自分なのである。これは、独我論どころか、客観的で普遍的な真理である。そして、もう一つの水準では、それにもかかわらず、そのような捉え方をしているたくさんの人々の中に、ただ一人だけ現実にそうである人が存在している。だから、これはもはやそのような捉え方（だけ）では捉えられない。ウィトゲンシュタインの提示した独我論の言明では今度はむしろ足りないのだ。言葉のうえでは同じ捉え方を適用するだろうが、そこではまったく違うことが起こっているのでなければならない。これが無内包の現実性ということであり、このとき使われる言語が本来あるべき（つまり不可能な）私的言語であ

る。しかし、これもまた、独我論などといった哲学的教説とは無関係な、たんなる事実にすぎない。その証拠に、このことを考える際に、他人にはじつは意識がない（かもしれない）などといった、通常独我論に結びつけられるあらゆる主張は少しも必要とされない。あえて結びつけて考えることは可能だが、そこに問題の本質があるのではない（あえて結びつけることに哲学的な意味があるケースとして、いずれ「東洋の専制君主」の事例を詳察したいと思っている）。

そこが核心であるのは、そこだけが創造する神の創造作用の外部にあるからである。概念と直観の対比を中心性と現実性の対比に置き換えるなら、神が創造できないのはこの最終的な（無内包の）現実性である。そこにはいわば神にとって想定外の存在者が存在するのだ。

このことを理解するために、この問題をいわばウィトゲンシュタイン的に言語哲学的な観点から考察してみることがむしろ役立つだろう。そのポイントは、そんな最終的な〈私〉などいなくても、ここまで述べてきたような構造はま、っ、た、く、そのまま成り立つではないか、という問題である。ウィトゲンシュタインの独我論論駁は実質的にはこの考察に依拠している。そして私も、その意見そのものには問題なく賛成したい。フィヒテの根源的洞察からの議論も、中心性と現実性の二要素の分離の議論も、最終的な現実の〈私〉などいなくても（いてもいなくても）、そんなことに関係なく成り立つのだ。この議論は、任意のどこから始めても（つまりだれの《私》から出発しても）同じように成り立つからだ。

しかし、まさにそのことが問題なのだ。このことはつまり、（少なくともなぜか今は）そういう有意味性の外にあるものが現実に存在してしまっている、ということを、逆に意味していることになるからである。だから、それが何であるかは、言語的に把握はできないのだ。言語的有意味性の外部にあるものは神も創造できない。すでに述べたように、それは全能の神の無能ではない。創造すべきものがもはや有意味に指定されえないがゆえに、それは創造不可能なのである。

だから神は〈私〉を（人間に理解できるその語の意味では）「創造」していない。デカルトの欺く神に対するあの勝利宣言は、じつは創造する神に対するそれでもあったことになる。〈私〉の存在は、神が創造できるような実在的《リアル》なものではなく、たんなる現実性であり、その現実性はこちら側からしか捉えることができない（というか、こちら側からしか存在しない）。こちらから始まる現実性は〈私〉の側にだけあるのであって、神が与えることはできないのだ（と、デカルトは実質的には言っていたことになる）。すると、その現実性にかんしては、神でさえその内部の登場人物の一人に格下げされることになるだろう。

そうではなく、かりにもし神が〈私〉を創造できるのだとすれば、それは、本書の最初のほうで論じた唯物論的独我論のようなことになるにちがいない。神は全能であるから、そういう世界ならたやすく創造できるだろう。この世界はじつはそういう世界かも知れない。かの唯物論的独我論者が、突然回心して唯物論を捨てたなら、現実に目が見えたり耳が聞こえたり、現実に痛かったり悲しかったりする、まったく特殊な存在者（実在的《リアル》に特別なもの）を神が創造した、と考えるはずである。突然の回心にもかかわらず、哲学的には、彼の世界観は唯物論時代のそれと同じである。彼は依然として問題の哲学的本質を鋭利に捉えてはいない。*

＊　これは彼の主張が偽であるという意味ではない。もちろん彼の主張は偽だが、私がそれを主張すればそれは真かもしれない。その差異こそが問題なのである。しかし、たとえそうであっても、私のその宗教的信念は哲学的に鋭利ではない。（この点についても、いずれ「東洋の専制君主」などの例とともに考察したい。）

しかし、さらに以下のように思考を進める可能性もあるだろう。神がただ私だけをそのような特別のものとして創造するはずがない。おそらく神は無数の（おそらくは生き物の数だけの）独我論世界を創造したのだろう。しかし、そうなると今度は、現実に与えられてあるのはなぜこの世界なのか、という問題が生じる。この場合、どの世界もすべて独我論世界なのだから、そうなっていること自体には問題はない。現実に与えられてあるこの世界もまたそのうちの一つなのだが、しかし、なぜこれだけが現実にこのように与えられていて、現実にそれしかないのか、という問題は残る。そのような形で、実のところは同じ問題が再燃しているのである。

どの世界のどの独我論主体も言葉の上ではみな同じ問いを持つとしても、言葉の上では重なるがじつは別の問いが、この「現実に」に表現されている（しかしもちろんそれによっては決して表現されえないことこそが問題なのだが)。(表現されえない)この差異こそが哲学的問題なのである。それがつまり、神はこの最終的な現実性だけは創造できない、ということなのだ。なぜなら、この差異は客観的には(=あちら側からは)存在しないからである。

しかし、もしこのとき、そのこともまたあちら側から、すなわち神に創造可能なものとして、説明しようとして、神はこれら独我論諸世界のうち一つを選定してそれを現実世界として創造した、というような話をここに付け加えると、そこからまた同じ問題が開始されることになる。この想定は、じつは唯物論的独我論およびその神学版と同じである。

と、長々と論じてきたが、先にも注記したように、神について論じるのがここでの主題ではないので、神というそれ自体が問題含みの形象を使うのはやめたほうがよい(そこまで考えていない人にも話が通じやすいという意味で)かもしれない。神など想定せずに、もっぱら自然主義的に考えるなら、以上述べてきたことはむしろたんに自明なこととなるだろう。自然主義的に捉えれば、生物としての人間にそれぞれ意識が存在する(おそらくは脳や神経のおかげで)にすぎない。この考え方の線上にデカルト的コギトの第一解釈までは位置づけることができるが、第二の解釈は位置づけられない(唯物論的独我論を許容すれば別だが)。なぜか存在してしまっている〈私〉は、もともと自然的存在者ではないからだ。それは(自然主義者の言う意味での)自然の中には実在しない。とはいえ、そもそも客観的・相対的・共在的世界の側からは実在しないのであるから、その一種にすぎない自然的世界の中に実在しないのはあたりまえのことにすぎない。

第7章
ものごとの理解の基本形式とそれに反する世界のあり方

数多の独我論世界があり、なぜかそのうち一つが現実世界である

本章もまた、まずは前章への補足的説明から始めて、本章はとくに、独在性が中心性と現実性という二要素から成るという問題を論じ、そこから累進構造の本質の問題にいたりたい。

前章の最後のほう（自然主義の話になる直前）で、「さらに以下のように思考を進める可能性もあるだろう」と言って、神が無数の独我論世界を創造した場合を考えた。誤解の余地はないと思うが、この「無数の独我論世界」はすべてわれわれのこの現実世界とまったく同じ世界である。ただ、だれが〈私〉であるか、という点だけが異なる「諸世界」である。*だから当然、それらすべてが合体した世界も想定でき、それはわれわれがふつうに「この世界」と呼んでいるものである。そういう一個の合体世界も想定できるとはいえ、実際にはしかし、なぜか知らないが、それ

ら諸世界のうちの一つ（だけ）が与えられている、というわけである。事実そうであろう。だから、この捉え方は実情に即していると思う人もいるにちがいない。

＊　これらの世界において、〈私〉以外の人々（意識的存在者）は意識のないゾンビのような在り方をしているのか、と思う人がいるかもしれない。もちろん、そんなことはない（そうであってもかまわないが）。たんにふつうに他人であるにすぎない。（とはいっても、その他人たち自身にとってはどうなのか、とさらに問われるならば、彼らがそれぞれ〈私〉である独我論世界もまた別に存在するのだ、とここでは答えることになる。）

さて、この場合、与えられた世界がなぜか独我論的なあり方をしていること自体は、どれが与えられても必ずそうなのだから、とくに問題にはならない。問題は、「なぜ現実にはこ、の、独我論世界（だけ）が与えられているのか」のほうであることになる。「なぜこ、れ、が、そしてこ、れ、だけが、現実に与えられているのか。」この（独我論では説明のつかない）「だけ」が問題なのである。神はこの「だけ」だけは創造できない。神にそれができないのは、彼が創造した「私は存在する」と思う多数の者たちのうちから、〈私〉である者を、〈私〉であるという理由によって、識別する、という（〈私〉にはいともやすやすとできる）ことが、彼にはできないのと同じ理由による。彼は〈私〉の心の奥底まですべてお見通しだろうが、それが〈私〉であることは——すなわち

〈私〉の存在は――知らないのだ。だから、〈私〉は彼の力の外でその存在を得ていることになる。

このような捉え方によって、中心性の問題（ここでは独我論という形を取っている）を外して現実性の問題（だけ）に焦点を当てることができるわけである。するとここでも、可能世界をめぐる通常の議論の場合と同じ問題が生じるだろう。すなわち、諸独我論世界が対等に実在すると考える可能主義的な立場と、現実に与えられたこの独我論世界だけが実在すると考える現実主義的な立場との対立である。この展開は通常の可能世界の場合以上に必然的である。なぜなら、第一にまず、複数の独我論世界が対等に存在するという捉え方では最初の問題状況の解決にはならず、その解決のためには、それら諸世界のうちなぜこの独我論世界が現実世界なのか、という問題が生じざるをえないから（すなわち現実性の再度の突出）であり、第二にそれにもかかわらず、すべての独我論世界の独我論主体が言葉の上では対等にまったく同じことを言うはずだから（突出の平準化）である。このような展開の必然性のうちに、中心性と現実性がじつは別の問題であることが示されている。

この展開は、通常のこの世界（合体世界）に最初から存在していた問題を（人間から世界に広げて）反復しているにすぎない。最初から存在していた問題とは、〈私〉を識別するための基準として第一基準を発見したにもかかわらず、すべての人がそれを使って自己を識別するほかはないのだとすれば、そのように自己を識別しているすべての人のうちから私は私をどのようにして識別したらよいのか、というさらなる問題が生じる、という問題であった。

どちらの場合も、複数の同型のものが並存する相対主義的段階（すなわち現実性ぬきの並列的中心性の段階）で、この展開を止めて眺めることはつねに可能なのではあるが、ひとたび始まったこの対立はどの段階にも必然的に潜在しており、その反復生起を止めることはできないのである。累進的反復が避けられない根拠は、前々段落で指摘した現実性の突出とその突出の平準化にある。突出の平準化とは実存の本質化であり、それに基づく現実性の一般化である。フィヒテの用語でいえば、それは直観の概念化だが、すでに述べたように、直観という語を使ったこの言い方ではここで問題にしていることは表現できない。一方向性は端的な現実性においてだけ存在しているのだが、そのこと自体が端的ならざる現実性に対しても「それにとっての端的な現実性」として概念化され、一般化されることが問題なのである。現存するすべての「ものの見方」は、この過程が終わって相対主義化が完成したところから出発しており、この意味での現実性の水準は、たとえば「その実際の使用」などといった形に矮小化されている。

そのようなプロセスが避けられない理由は、現実性の突出という事態が「そもそも実在しない」ともいえることに、すなわち一方向的なあり方をしていることに、ある。複数の同型のものがただ並存するのではなく、これだけが他とまったく違ったあり方で存在している、という事実はたしかにある。違ったあり方で存在するどころか、そもそもそれだけしか存在していない（他は存在していない）とさえいえるほどの違い方で、それは存在している。その差異がなければ、私も今も存在しなくなってしまう。そのアクチュアリティを抹消することはできない。にもかかわらず、それは一方向的存在でしかないので、客観的な視点から、すなわち並列的（相対主義的）な視点から見れば、そもそも実在しないのだ。このように見れば、存在のこの二重性格こそが累進構造を生み出す原動力であることになる。

この問題――世界の独在論的存在構造――が理解しがたい印象を与えるのは、それがものごとの理解の基本形式を破っているからである。* ものごとの理解は基本的に、普遍 vs. 特殊、一般性 vs. 個別性、イデア vs. 個物、という型に依拠してなされる。個々のものは必ず多くの一般的な性質を持っており、そのもの自身も一般的な何かの一例である。そのような観点から理解されたとき、そのものは理解された（説明された）とされる。あるいはまた、個々の出来事は必ずなんらかの一般法則によって包摂されており、それが判明したとき、その出来事は理解されたとされる。社会が先か個人が先かといった対立に典型的に見られるように、ここでは全体論と原子論の対立が本質的な対立図式を形づくっている。しかし、この世界にはこの型に収まらない事象連関が存在している。その代表が〈私〉と〈今〉の存在である。

＊　逆にいえば、ものごとの理解の基本形式は捏造物で、われわれに世界の見方を押しつけている、ともいえる。しかし、われわれはみな――われわれとしては――その捏造された世界に住んでいるので、その形式を前提としてやっていかざるをえない。

〈私〉は、まずそのイデア（あるいは一般概念）があって、次にその個別事例がある、という仕方では捉えられない。また逆に、諸事例の側から出発してそこから一般概念を抽出する、というわけにもいかない。本当の事例は一つしか存在しないからだ。そこから出発せざるをえない、、、のだ。これが私の解釈する意味でのフィヒテの根源的洞察である。カントもウィトゲンシュタインも、おそらくはこの問題の存在に感づいてはいたが、それをものごとの理解の基本形式のうちに収めようとした。この方向の努力はその後の哲学の流行＝伝統*となった。それはもちろん不可能なことではない。もとより私は「私」の一例でもあるからだ。この世界という統合は、ものごとをそのような捉え方で統一的に理解することによって成り立っているのだから、それは当然のことでもある。しかし、問われるべき真の謎は、なぜそうではない捉え方も可能で、また不可欠でもあるのか、のほうにある。どういうわけか哲学史上、そちらの方向への探究がほぼまったくなされていない。哲学がそちらの側を（も）深く掘り下げようとしなければ、哲学もまたこの世界を成り立たせている諸々のイデオロギーの一味に成り果てることだろう（残念ながら今はそうなっている）。

* 伝統とは長くつづく流行のことである。どういうわけか哲学者たちは、どんな種類の哲学者でも、異常なほど流行に弱い。

この場面で言われるべきであったことは、「実存は本質に先立つ」というサルトルのテーゼである。ただしもちろん、サルトルのように人間のあり方を述べたものとしてではなく、〈私〉や〈今〉のあり方を述べたものとしてだ。つまり、サルトルのこのテーゼはフィヒテの根源的洞察と結びつけられるべきだったのであり、逆にいえば、フィヒテの根源的洞察はサルトルのこのテーゼと結びつけられるべきだったのである。

ここで、同時に二つのことに（ある意味ではまったく同じ一つのことだが別の意味では最も根源的に矛盾対立する二つのことに）驚いてもらわなければならない。一つは、世界はじつはこの転倒事例の側から始まっている、ということである。これはまったく驚くべきことである。この根源的な事実が、ものごとの理解の基本形式を形づくる〈神学的＝科学的〉な世界把握そのものに異議を唱えている。このことから目を背けるべきではない。もう一つは、なぜかその唯一の事例が現実に与えられてしまっているということによってしか（すなわち無内包的にしか）捉えられないということこそが〈私〉の概念的本質でもある、ということである。これもまた別の意味できわめて驚くべき事実である。そして、この二つの驚くべきことのあいだに隠された矛盾がある（それゆえたとえば、すでに触れたように、第一基準が異なる二様の仕方で理解されることになる）ということが、私の哲学的主張である。*

＊　こう書いてみると、私の哲学的主張が理解されにくいのもやむをえない、と思えてくる。そもそも矛

盾があると主張している二つの事実そのものが、一般にはほとんど認められていない、私自身（だけ）がそうなっていると主張していることにすぎないうえに、その二つは、多くの人にとって、少なくとも初めて提示されたときには、区別がつかないほど似て見える（同じことを言っているように思える）はずだからである。

独在性――中心性と現実性の分離

ものごとの理解の基本形式と対立する、世界の独在論的なあり方の基本形式を、ここで簡潔におさえておきたい。「世界は〈端的＝現実には〉この唯一の事例から〈開けて＝始まって〉いる」。これが独在的世界理解の基本形式である。すぐにわかるように、これは中心性と現実性という二つの要素から成り立っている。〈開けて＝始まって〉が中心性を表現しており、〈端的に＝現実には〉が現実性を表現している。

ここで私は三つのことを主張したい。第一に、この二つはこれまでずっと混同されてきたが、概念的にはっきり区別することがきわめて重要である、ということ。第二に、そのうえで、これまでずっと中心性の内に埋没して精確な把握がなされてこなかった現実性こそがむしろ問題の本質なのだ、という点も強く主張したい。しかし第三に、さらにそのうえで、概念的に明確に区別されるべきこの二つが、実際の適用においては、相互浸透的な形であらわれざるをえない、という事実もまた忘れてはならない。これからまずは中心性の意味を解明するが、そういう（とりわけ第三の）事情のゆえに、これから語られることは一見わかりやすい単純なことのように見えるが、じつのところはどの段階でも単層的には理解できないという問題が孕まれている。

　中心性とは、すべてが結局はそこに収まってしまうことを意味している。たとえば、過去は《今》における記憶や記録から成り、未来は《今》における予期や予測から成る。ということは、すべてはじつは《今》にあるということであり、とすれば、結局のところは《今》だけあればすべては揃ってしまう、ということになる。（ここから、だから過去や未来は本当は存在しないのではないか、と疑う必要はない。そういう疑いが可能であるような仕方ですべては存在しており、そういう仕方でしか存在しえない、ということだけが重要である。）

　《私》についてもまったく同じことがいえる。外界や他者は《私》における知覚や思考や想像などから成り立っている。ということは、すべてはじつは《私》にあるということであり、とすれば、結局のところは《私》だけあればすべては揃ってしまう、ということになる。（ここでもやはり、だから外界や他者はじつは存在しないのではないか、などと疑う必要はない。すべてはそういう疑いが可能であるようなありかたであり、そういうふうにしかありえない、ということこそが問題なのである。）

　「中心」という捉え方は知覚のあり方に由来する比喩であろう。「世界の開けの原点」などと言われる場合の「原点」も同じだ。この比喩を文字どおりにとって、知覚モデルで考えると、すべては《私》を中心に配置されており、《私》に知覚されない（見えない、聞こえない、……）ものは存在もしないかのような、ある種のバークリー的含意をもってしまうことにもなるが、そのように考える必要はない。自分に知覚されない（また思考も想像も記憶も予期もされない）ものごとが存在することには何の問題もない（そのように《私》が思えばそれでよく、そんなことは何も思わないならば思わないのだから問題にする必要もない）。

では、現実性とは何か。すべてはじつは《今》にある、とか、すべてはじつは《私》にある、といった中心性は、《今》や《私》のもつ本質構造であり、どの《今》、どの《私》をとっても成り立つことである。しかし、現実に成立している《今》（すなわち〈今〉）、現実に存在している《私》（すなわち〈私〉）は、そのうち一つだけである（この「現実に」の捉え方にはすでに一方向性がはたらいていることを忘れるべきではないが）。

このことを、諸中心性のなかのさらなる中心性だと捉えることもできる。その場合の中心とは、非現実性（多くの《私》たち）と対比された現実性（唯一の〈私〉）を意味することになる。しかし、現実性の問題は、精確にそれだけ取り出せば、事象内容的に同型なもののあいだにのみ（たとえば諸々の《私》たちのなかの唯一の〈私〉のように）成り立つ様相的な関係なので、異質のもののあいだに成り立つ知覚のあり方から得られた「中心」という比喩はここでは文字どおりには妥当しない。諸々の《私》たちは、それぞれが中心であり、世界がそこから開ける原点であって、しかもそれぞれにとっては唯一の原点である（「とって」が付くことによって一方向性は消えることに注意)。

精確にそれだけ取り出せばと言ったが、ここにはしかし精確にそれだけを取り出しがたい事情もある。この意味において現実的でないとされる諸々の「私」たちはまた、唯一現実的な〈私〉の志向的意識の対象でもあるからだ。すなわち、見られたり、考えられたり、思い出されたりもするからだ。それは、中心性のない(すなわち同型でない)普通の物(ペンや家や川や星や……)がそうであるのと同じことである。だから〈私〉は、この意味での中心性もまたもつことになる。

〈今〉の場合も同様である。諸々の(非現実的な、すなわちそれぞれの時点における)「今」たちとは別に、ただ一つだけ現実の〈今〉というものが存在している。これは(一方向性の問題があるとはいえ)疑う余地がない。ところが、このような様相的な対比とは別に、それらの諸々の「今」たちはみな過去や未来(におけるそれぞれの「今」)なのだから、当然のことながら、現実の〈今〉における志向的対象でもある。すなわち、思い出されたり予想されたりする、という仕方で存在してもいる。だから、現実の〈今〉に志向的に内在していると見なすこともできる(そのように見なすこともできるようなあり方で存在している)わけだ。

おそらくはこの二重性格のゆえに、この問題の問題性は見誤られてきた。しかし、現実性の問題は中心性の問題とははっきりと別の問題である。たとえば、《私》の成立の第一基準を思い出していただきたい。それは(この論脈にあわせて言い換えるなら)「現実に物が見え、音が聞こえ、現実に思考し、想像し、現実に思い出したり予期したりする人」といったものであった。ここでは、これらの志向作用の対象（見えているものや、考えられているものや、思い出されているものなど）がその志向的意識（見たり、考えたり、思い出したりすること）に内在しているかどうか（とかその種の問題）は問題にされていない。そういう志向的意識を持つとされる多くの者たちのうち、現実にそれを持つ者（とそうでない者）がいるということだけが問題なのである。*

* この二つを私は、タテ問題とヨコ問題という用語で区別してきた。ただしタテ問題には、このような認識論的問題だけでなく、心身問題なども含まれる。すぐに気づかれるであろうように、他我問題はどちらの問題とも捉えることができる。そして、まさにその二重性こそが問題なのである。時間に関する諸問題も同様である。他我問題における現実性の問題については第9章で論じる。

これを逆の側からいえば、自明なことの繰り返しになるが、中心性という性質はこの意味で「現実の」ではないほうの（すなわち非現実的なほうの）「私」たちや「今」たちもまた持ちうる（持たねばならない）性質である、ということにある。どんな主体もそこから世界が開けている原点（その人にとっては唯一の原点）であるし、いつの現在も過去や未来がそこから開けている原点（その時点にとっては唯一の原点）である。これは本質の問題であって実存（現実性）の問題ではないのだ。

外界や過去はじつは存在しないのではないか、といった懐疑は、事象内容的な構造上の事実なので（つまり本質の問題であって実存の問題ではないので）、現実性ではなく中心性のほうに関係しており、それゆえ非現実的な（現実のではない）原点を出発点にとっても問題なく成り立つ懐疑である。* 物的外界の実在に対する懐疑に端を発する観念論や、他人の心の実在に対する懐疑に端を発する独我論は、それゆえ、現実性の問題（ヨコ問題）ではなく中心性の問題（タテ問題）である。**

＊　この種の問題を現実性の問題とごちゃ混ぜにして論じる哲学者がきわめて多い（というか、私の知るかぎり、この種の問題を論じるすべての哲学者がごちゃ混ぜにしている）ので、ここで中心性の問題と現実性の問題を概念的に峻別しておくことは非常に重要な意味をもつだろう。

＊＊　観念論を帰結する前者の問題は、純然たるタテ問題なので、この「ごちゃ混ぜ」を免れているが、独我論を帰結する後者の問題は、暗にヨコ問題を紛れ込ませて論じられることが多いので、この「ごちゃ混ぜ」の典型的な温床になっている。時間を対象とする場合も同様である。

中心性という捉え方の大きな特徴は、それが先に言及した「ものごとの理解の基本形式」に問題なく収まる、ということにある。「過去は《今》における記憶や記録から成り、未来は《今》における予期や予測から成る」ということ、「すべてはじつは《今》にある」ということ、こうしたことには一般性・普遍性がある。すなわち、どの《今》についてもいえる。だから当然、そのことの個別事例というものがあるわけだ。《私》についてもまったく同じで、「外界や他者は

《私》における知覚や思考や想像などから成り立っている」ということや「すべてはじつは《私》にある」ということには一般性・普遍性があり、だから当然、それの個別事例というものがある。これらはすべて「ものごとの理解の基本形式」にきれいに収まることができる（より精確にいえば、収まるような捉え方で捉えることができる）。

これに対して、現実性という捉え方の特徴は、まさしく「ものごとの理解の基本形式」に決して収まらないということにある。これはきわめて簡単な事実だ。どの時点もその時点においては《今》だが、そのうち一つが現実の〈今〉である。と、このように言われるとき、その言明自体はふたたびどの時点においても言われうるにもかかわらず、現実の〈今〉は（第一に）ただ一つしかありえず、しかも、（第二に）それは端的なこの今である。真の中心はじつはそこにしかない。この突出を最終的に平準化する方法は存在しない。それはどこまでもあの基本形式を逃れていく。

だれでもその人にとっては《私》だが、そのうち一つはなぜか現実の〈私〉である。と、このように言われるとき、その言明自体はふたたびどの人においても言われうる（すなわちだれでもそう言える）ことであるにもかかわらず、やはり現実の〈私〉は（第一に）ただ一つしかありえず、しかも、（第二に）それは端的なこの私のことである。真の中心はじつはそこにしかなく、この突出を究極的に平準化する方法はない。それはどこまでも基本形式に収まりきることがない。

現実性の概念化と累進構造

以下では、先に「三つのことを主張したい」と言ったことのうち、第一の概念的区別の重要性についてはすでに論じたことにして、第二の現実性の突出と第三の相互浸透とのあいだにある相剋的関係とそこから生じる累進構造について、簡単に説明してこの章を終えたい。

前節の最後の二段落では、この相剋的関係が現実性の側の突出の立場に立って描かれていた。「……と、このように言われるとき、その言明自体はふたたびどの人（どの時点）についても言われうることであるにもかかわらず、やはり……」というように。しかし、これは逆に見ることが可能であり、その見方に立てば、そこで言われていたのとは逆に「この突出を最終的に平準化する方法」はつねにあり、どこまでもありつづける。そして、そちらの見方こそが客観的な実在性が成立する側のものの見方である。だから当然、それはどこまでも基本形式に収まりつづけることになる。

この構造はいろいろな仕方で説明できるだろう。まず思いつくのは、中心性という概念の内には本質的に（ここでいう意味での）現実性が含まれていなければならない、ということだ。それを、たとえばこんなふうに考えることもできるだろう。もしある中心が現実性を欠いていたら、それはじつは中心ではないことになるだろう。なぜなら、最初にそう規定したように、ここでいう中心性とはすべてが結局はそこに収まってしまうことを含意するからである。もし現実性を欠いているならすべてがそこに収まることができるわけがない。

こういう議論の仕方は古典的な意味での形而上学的な議論を思わせるが、それゆえにまたすでに触れた神の存在の存在論的証明に対するカントの批判がそのまま当てはまることになるだろう。現実性もまた事象内容《レアール》的な性質ではないからだ。神という概念が本質的に存在することを含んでいるとしても、だからといって現実に存在することにはならないのと同様に、中心性という概念が本質的に現実性を含んでいるとしても、だからといって現実に現実的であることにはならない。現実に存在する百ターレルと可能的に存在するだけの百ターレルのあいだに事象内容《レアール》的な差異がなかったように、現実に現実的な中心性とたんにその概念においてだけ現実的な中心性のあいだにも事象内容《レアール》的な差異はないのだ。だからこそ、現実には現実的でなかった《今》（その時点における今）が、その事象内容をまったく変えずに、そのまま現実に現実的な〈今〉になったり、その逆に、現実に現実的であった〈今〉が、その事象内容をまったく変えずに、そのまま現実には現実的でない《今》（その時点における今）になったりすることができるわけだ。

ここで問題にしているような意味での中心性は、その内部から捉えられた場合の無内包の現実性（すなわち可能的な一方向性）という要素ぬきにはその意味そのものが理解できない。したがって、あらゆる可能的な中心性に概念としての「端的な現実性」が含まれていなければならない。この仕組みが働くことによって、〈私〉や〈今〉といった（山括弧で表現される）独在的概念が一般的に（つまり非独在的に）理解可能なものとなる。この働きがすなわち累進構造であり、私はその側面を強調する際には《私》や《今》というように二重山括弧記号を使ってきた。* だから重要なことは、「私」や「今」のような鍵括弧付きの表現とは異なり、《私》や《今》のような二重山括弧付きの表現には中心性と並んで現実性の意味が（事象内容化されて）明示的に保存されている、ということである。**

＊　二重山括弧付き表記で表されていることの本質は、無内包の現実性を概念的に（すなわち内包化された形で）提示することによって、それを「ものごとの理解の基本形式」に適合させることにある。そうしなければここでしているような話はそもそも論として成立しえず、したがって人に伝えることはできない。（とはいえ、それはただ言葉で言われることによって自ずと実現されてしまうことを後追い的に確認しているだけのことだ、ともいえる。）

＊＊　そんなことをしなくても、ただの山括弧記号だって、そう表記されるだけですでに事象内容化されざるをえないのではないか、と言われもしよう（逆にまた、鍵括弧付きにしたところでやはり現実性を含んだ中心性を概念的に持たざるをえないではないか、と言われもしよう）が、そうもまた言えるということが累進構造の趣旨である。

無内包の現実性（現に端的に与えられているという事実によってのみ他から識別されること）は独在性の概念の一部でもあるため、それがさらに現実に実現するという事態は、「現実に「現実に与えられている」」というように多重表現を使って表現せざるをえなくなる。〈私〉とは、たんに

「私」でしかない場合と比べて、内包的にはまったく同じなのだが、そこに端的な実存が付け加わったもののことだ、と単純に言いたいところなのだが、そうはいかないのだ。まさにその構造それ自体がすでに最初の「私」の了解のうちにも組み込まれていなければならないからだ。*

＊　A変化（大雑把には《　》に対応する）も、さらにはB関係（大雑把には「　」に対応する）でさえも、端的なA事実（大雑把には〈　〉に対応する）ぬきには理解できない、ということは、『時間の非実在性』（講談社学術文庫）の私が書いた部分などで縷言したが、やはりこのことの一種である。

〈　〉と《　》のあいだにはつねに（アキレスの突出と亀によるその平準化のような）闘争的関係が内在しており、そのことが累進構造を現実に駆動しつづけている。もしかするとすでに耳にタコができているとおっしゃる方がいるかもしれない（そうであればむしろありがたい）が、ここでまた、この「まさにその構造それ自体がすでに最初の「私」の了解のうちにも組み込まれていなければならない」ということが「独我論は語りえない」ということの真の意味である、ということをもう一度確認しておきたい。そのうえでさらに、ここではもう一つの論点をそこに付け加えることができるだろう。それは、その際のその究極的な「語りえぬもの」、すなわち亀の執拗な追跡にもかかわらずなおも突出して最先端を走りつづけるアキレスこそが、創造する神も創造することができない、世界の開けの独在的原点である、という論点である。* その原点は、それが無ければ何も無いのと同じであるといえるほどの飛びぬけて重要な存在であるにもかかわらず、それが無くなっても（無かったとしても）世界にはいかなる変化も起こらない、そういう特殊な存在である。

＊　この箇所はじつは前章の「循環が生じるとはいえ、……」で始まる段落（九七頁）と同じことを言っている。そこを再読して、その段落の最後の「この「なお」のところがここでは核心である」という文の趣旨を再確認していただけるとありがたい。

世界には第一基準によって自己を識別している無数の諸《私》たちが存在するのに、そのような諸《私》たちのうちから唯一の現実の〈私〉をいかにして識別しうるのか、という以前に立てた問いへの答えも、ここで与えられることになるだろう。それは、出発点がじつはこちらだからだ、というものだ。第一基準は、累進構造によってそこから構成された二次的構成物にすぎないのである。

第8章
自己意識とは何か

まずはちょっとした修正。前章の一二〇頁の注で、私は「A変化（大雑把には《　》に対応する）も、さらにはB関係（大雑把には「　」に対応する）でさえも、端的なA事実（大雑把には〈　〉に対応する）抜きには理解できない、ということは、……」と書いている。「大雑把には」であるかぎり、これは修正の必要はないのだが、これを大雑把にではなく言い直すことは容易で、そうすると以下のようになる。「相対化されたA事実（《　》に対応する）も、さらにはB関係（「　」に対応する）でさえも、端的なA事実（〈　〉に対応する）抜きには理解できない、ということは、……」。

A変化という考え方がA事実の相対化を前提にしていることは明らかなので、「相対化されたA事実」ではなく「A変化」と言ってしまっても（大雑把には）よいのだが、しかし、A事実を相対化するだけでA変化が生まれるわけではなく、そこにはまた別の要因が介在するので、ここでは「相対化されたA事実」と言っておくのがより精確であるし、ここでの問題の理解にも資するところがあるだろう。

ヨコ問題としての自己意識

さて、本章では自己意識という問題について論じる。

しばしば人間には自己意識があるといわれ、「私とは何か?」という問題も自己意識の成立によって答えられることが多い。生き物が自己意識を持つにいたると、そこに「私」が成立する、といったように。もちろん、私が論じてきた問題は、どんなに「私」が成立してもそれだけでは〈私〉は成立しない、さて、〈私〉はそれに何が付け加わると成立するのか、という問題*であった。本章では主題の方向を変えて、その（俗に言われる）自己意識なるものはどのように成立するのか、を問題にしたい。そこにおいてすでに、〈私〉の問題の介入が不可欠なのではないか、と疑うからである。

* 繰り返し同じことを言っていても、いつまでも同種の誤解をする人が絶えないので、もう一度初歩的な確認をしておくなら、これは、どうなれば人に「〈私〉である」という意識が生じるか、というような種類の問題ではない。そういう意識事実が問題なら、百年前の人にも百年後の人にも成立した／するであろう。まったく同種のそのような意識事実が成立する多くの者たちのうちに、（なぜか今は）現実

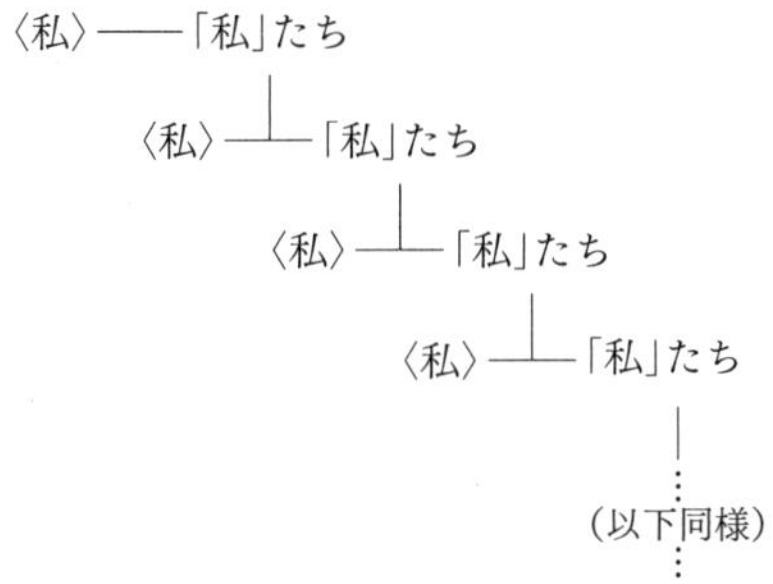

〈私〉の場合の累進構造図　二段目以下の〈　〉は「〜にとって」付きなので《　》である。この図の読み方自体にここで示されている累進がはたらき、累進図自体が読む人ごとに累進的に増えていく。（そのこともまたこの図に示されている。）

の〈私〉が含まれてしまっているが、それはいったい何なのか？　という問いと、そこから発する問題だけが問われているのである。問題のこの具体性、この実存性を（話が先に進んでも）決して見失わないようにお願いしたい。累進構造図でいえば、ただ最上段だけが、すべてはそこからしか開始されないという事実だけが、問題にされているのである。概念化された同型の問題がどの段階でも生じるが、それらと決して混同しないことが肝の肝である。

　このように言われてもさらに、今度はそれはそのような最上段性の一般論として理解されてしまい、さらにふたたびそのような自覚はどのような場合に成立するのか、というように捉える人が生じるだろうが、それは、まさにここで主題となっているアキレスと亀の闘争が問題の理解そのものの場面で実演されてしまうということを意味しており、最終的に、この構造から逃れるすべはない。そのことがここで問題にされていることそのものである。

《私》の識別の第一基準は、前章のバージョンでは「現実に物が見え、音が聞こえ、現実に思考し、想像し、現実に思い出したり予期したりする人」であった。古いバージョンでは「その目から世界が現実に見え、その体だけが叩かれると現実に痛く、その体だけを現実に直接動かせる、……人物である」といったものであった。どちらにしても、この基準に従って自己を他者から識別しているとき、そこには自己意識が成立している、というべきであろうか。

自己意識とは反省的・再帰的に自己を捉えるはたらきであるのに対して、ここで生じているのは「現に見えている」とか「現に痛い」といった剥き出しの直接性だけなので、ここには自己意識など成立していないと見なすことが、まずは、重要である。〈私〉の成立において自己意識が必要とされないという事実はきわめて重要ではあるが、それは自明のことにすぎないともいえるだろう。なぜなら、この基準は複数の自己意識的存在者のなかからなおも自己を識別しうる基準なのだから、そこに再び自己意識なんぞがあってみてももはやいかなる効力ももちえないことは明らかだからだ。

とはいえ複数の自己意識的存在者のなかからというなら、やはり自己意識の存在は前提にはなっているのではないか、と思われるかもしれない。が、そうではない。複数の自己意識的存在者のなかからである必要はないからだ。複数の（可能的な）意識的存在者のなかから、で十分なのである。自己意識はその「から……識別する」において初めて生じると考えることができるからである。複数の（可能的な）意識的存在者とは「その目から（必ずしも現実にではなく）世界が見え、その体が叩かれると（必ずしも現実にではなく）痛く、……、（必ずしも現実にではなく）思い出したり予期したりする人」のことである。これは、われわれのおこなっている言語ゲームの前提からすれば見えたり痛かったり……するとされている人という意味である。(だから「現実に」という語を言語ゲームの側の現実性を基準にして使用するなら、彼らはもちろんみな現実に見えたり痛かったり……していることになる。)

それゆえ、この基準を適用する際になされていることは、「その目から世界が見え、その体が叩かれると痛く、……、思い出したり予期したりする」とされている人たちのなかから、「その目から現実にではなく世界が見え、その体が叩かれると現実にではなく痛く、……、現実にではなく思い出したり予期したりする人」と区別して、「その目から現実に世界が見え、その体が叩かれると現実に痛く、……、現実に思い出したり予期したりする人」を選び出すことである。と捉えれば、ここに剥き出しの直接性を超えたある対比が働いていることを見て取るのはたやすいだろう。この基準のすべての効力は「現実に」の一語にかかっているからだ。つまりここには、まったく同様に目から見ているはずなのになぜか現実には見えていない人となぜか現実に見えてしまっている人、まったく同様に痛いはずなのになぜか現実には痛くない人となぜか現実に痛い人、等々の対比が働いている。〈私〉が、あるいは《私》が、この対比を意識しているなら、それはもうそれだけで自己意識である、とまずはいえる。自己意識とはその場合、事象内容的な完全な同一性とそれにもかかわらずなぜか生じている現実的突出(というその落差)の意識である、ということになるだろう。

もちろん、たとえこの落差を意識していなくても、それは実際にはやはりはたらいている。だから、もしここではたらくこの落差の仕組みそれ自体を自己意識と呼ぶなら、〈私〉（や《私》）の成立には自己意識が不可欠であるといえることになる。しかし、〈私〉とは、とりわけ〈私〉の〈 〉とは、剥き出しの現実性を意味するにすぎないので、このような対比それ自体がその内部で意識されていなくても、それが存在するときには（この対比に従って）存在することになる。ただ現実に痛みを感じ、現実に音を聞くだけで、自ずとこの対比がはたらいており、それを意識すれば自己意識になる。このことをまさに現実に体験する場合にも、またこのことを概念的に理解する場合にも、そうである。

すると、こういうことになるだろう。先ほどは「この基準は複数の自己意識的存在者のなかからもなお自己を識別しうる基準なのだから……」と言ったが、もしそうであるとすれば、そのそれぞれの自己意識的存在者の成立にも概念的にはやはりこの対比がはたらいていなければならないことになる。自己意識という概念のうちには必然的に現実性の突出という構造が含まれていなければならないからだ。他者にもそれぞれみな自己意識があるという理解は、他者たちにもそれぞれこの落差が働いているという概念的理解が前提になっている、という意味であることになる。この落差なしには自己意識など成立しようがないことはまったく明らかなことではないだろうか。並列的に複数の意識的存在者を想定しておいて、外部に向かう意識の志向性が反転してその意識自身に向かったとき自己意識が生じる、というような絵が描かれることが多い。絵と言ったのは、この意識の志向性が文字どおり矢印で描かれ、その矢が折れ曲がっておのれ自身を指す絵が実際に描かれるからだ。しかし、これは、幹から伸びていた枝が再び幹に達するようなことに、あるいはせいぜい、色々なところを触っていた手が自分の体を触るようなことに、すぎないだろう。

幹から伸びていた枝が幹に達しても、そこに自己意識が成立するわけではないことは明らかだろう。それに比べれば、色々なところを触っていた手が自分の体を触るときには自己意識が成立するような気がするかもしれない。それはなぜか。理由はかんたんで、ある幹から伸びていた枝がその幹に達しても、それは、別の幹から伸びていた別の枝がその幹に達することとまったく並行的な出来事にすぎないが、ある体から伸びている手がその体に触ることは、別の体から伸びている手がその体に触ることと並行的な出来事ではない（という側面が不可欠である）からである。触るということが触感という感覚を意味するかぎり、複数のそれらが並列的に存在することはじつはできない。現実に感じることができるのは、それらのうちある一つの体の手の感覚だけだからである。そのような無根拠な突出によって、じつはこれしか感じないな、と思うという要素が含まれていなければ、その手が自分の体に触ったところで、自己意識など生じるはずがないだろう。

逆に、現実に感じるのはなぜかこの体のこの手の感覚だけだな、と思ってさえいれば、その手が自分の体に触ったりしなくても、自己意識はすでにして成立している。自己への回帰はその思いのうちにすでにあり、そこにしかありえない。回帰する矢印が象徴的に示しているのは、じつのところは矢印の絵が描くような自己へ回帰するタテの志向性（反省的志向性）ではなく、ヨコ方向の等質性からただ現実性においてのみ突出する様相的な落差の自覚でなければならない。自己意識もまたヨコ問題なのである。

もしそうでなければ、すなわち複数の回帰する矢印が並列的に存在するだけなら、そしてそれが自己意識であるというなら、自己意識の存在にもかかわらず、それらのうちのどれが自分であるかは結局のところわからないことになるだろう。* どれが自分であるかわかるためには、どれか一つだけが端的に現実に感じる（他は現実には感じない）という様相的落差の介入が不可欠である。自己を意識することができるのは、現実の〈私〉と可能な（しかしなぜか現実ではない）〈私〉とのこの様相的落差の存在に基いている。

＊　もしそれだけしかなければ、そこには〈私〉は存在しないことになる。これは、時間が成立するためにはA事実の存在が不可欠であるという問題と同じ種類の問題である。自己意識が並列的に存在するだけという状況はB系列に相当することになる。時間の場合には、時間というものそれ自体がA系列が埋め込まれて初めて成立するが、人称の場合は、ただたんに自己意識的存在者が複数存在するだけというケースもまたふつうに想定できる。百年前はそうだっただろうし、百年後もまたそうなるであろう、という意味で。

したがって、自己意識は決して誤りえない。それらのうちのどれが自分であるかわからないことになることはありえず、他と取り違えることも起こりえない。その一つだけがなぜか現実に与えられており、他は事象内容的には同種であるにもかかわらず、現実にはそもそも無い（現実には痛くもかゆくも……ない）からである。無いものと取り違えることはできない。森羅万象という意味での世界を他の世界と取り違えることができないのと同じことである。自己意識はこの絶対的な誤りえなさと一体となって成立するので、この構造はタテ方向に回帰する矢印ではけっして描き出せない。* もし複数の回帰する矢印が並列的に存在しているなら、間違って他の幹や体に回帰してしまう（じつは回帰していないのに回帰していると思ってしまう）ことがありうることになる。だが、そんな可能性はそもそもないのだ。

＊　したがって、諸表象を一つにまとめる自発性のはたらきのようなものもまた、自己意識の成立にとってはたとえ必要であったとしても十分ではない。そうしたことはむしろ、人間が正気《まとも》であるための必要とされる方向の問題であろう。それ以前に、もっと根源的な問題があることを忘れてはならない。カントもまたそれを忘れており、デカルトに対するカントの優位という哲学界の一般的評価もまた同じ見落としに基づいている。

ここで重要なことは、第一に、他者と私がある意味ではまったく同じ種類の存在者であるにもかかわらず、なぜか他者には決定的に欠けていて私には決定的に存在する何かが確実にある、ということだ。そして第二に、存在するその何かは、それこそがすべてであってそれがなければ何もないのと同じ、といえるほどのものであるにもかかわらず、同じ種類の存在者であると捉える側の捉え方から見ると、そんな何かはそもそも存在さえしていない、ということ。さらに第三に、ここで私と言われているのはもちろん〈私〉のことなのではあるが、どう表現しても他者にも哲学的論点が伝わりうることからもわかるように、そこにのみ含まれている現実性が概念化された形で含まれている《私》についても同じことがいえる（はじめからそのような水準に変換されて伝わる）、ということである。ということはつまり、最初の他者理解の際にすでに、私と他者のあいだに現実に存在している（それが現実に存在しているから〈私〉である）存在論的落差が可能的なかたちでそれぞれの他者の存在そのもののうちにも含まれている（それが含まれているから他物ではなく他者である）、ということである。これがすなわち累進構造である。

つづめていえば、多くの同じ種類のものの一つにすぎないのにじつはこれしかない、ということの了解こそが自己意識の本質である。言い換えれば、自己意識とは現実性の自覚である。ここでもまた誤解のないように釘を刺しておかねばならないが、これはあくまでも現実性の自覚の仕組みについての話であって、現実性そのものはそんな問題とはまったく関係なしに（存在する場合には）ただ存在する。

とはいえしかし、これがタテに回帰する矢印のように表象されてしまうことに理由がないわけではない。様相的落差の意識はまた受肉の意識でもあるからだ。《私》はまた同型のたくさんのもののうちの一つでもあるということはすなわち、なぜかこいつでもあるということである。このように捉えた場合、こいつである（なぜかあれらではなくこれである）という限定されたあり方とそれがすべてである（じつはそれしかない）という無限定なあり方、矛盾するこの二つのあり方を一者に合一することがすなわち自己意識であることになる。ただし、ここにはあからさまな一方向性があることを忘れてはならない。それがすべてであるという無限定な在り方の側は、実在する一個体の側から見れば実在しないからだ。

一方向的受肉としての自己意識

ウィトゲンシュタインは『哲学的考察』第五四節において次のように言っている。

> ここで語られている現在とは、映写機のレンズの位置にちょうどいまあるフィルムの帯の映像のことではない、——そういう映像は、それの前後にあってすでに以前にレンズの位置にあったかまたはまだレンズの位置に来ていないその他の映像と対比されている。これに反して、いま問題になっているのはスクリーン上の映像であって、それが不当にも現在と呼ばれているのである。というのも、この場合「現在」は過去や未来と対立するものとして使われてはいないからであり、したがってそれは無意味な修飾語なのである。

フィルムをB系列と、スクリーン上の映像をA系列と、それぞれ解釈すればわかりやすい。しかし、この比喩は独我論論駁の一環として提示されているのだから、スクリーン上の映像は独我論者の語る「私」を意味すると解することもできる。この「現在」や「私」は、対比項がないがゆえに有意味な何かを有効に指示する力のないたんなる飾りのようなもの、「言語によって正当に際立たせることが不可能なもの」（同節の先の引用文の直前の箇所）にすぎないとウィトゲンシュタインは言っている。しかし、これは明白に誤りである。たしかにこの意味での現在は、時間的に関連づけられた他の諸時点との関係における一点を指す力がない。しかし、まさにそれだからこそ、それは端的な現在そのものを（けっして誤ることなしに！）指すことができるのだ。もし対比項があったなら、指し間違いの可能性が生じてしまうだろう。これは、われわれが現在を捉える現実のやり方にほかならない。

フィルムと映像の比喩をそのまま使っても同じことが言える。現にスクリーン上にある映像は端的に現にあるだけであって、その「現にある性」には対比項がない。だからこそ端的に現に今見えているのだ。それを「現在」と呼ぶことは「不当」なことではない。いや、それどころか、もしこの端的なそれしかなさ（対比項のなさ）という側面を欠いていたなら、すなわちもしフィルム上の位置によってのみ特徴づけられていたなら、そこが現在であるという事実は成立しようがないだろう。何とどう関連づけられていようと、それとは別に端的に現に見えているという事実がなければ、「現在」であることは成立しえない。フィルムの内容（出来事にあたる）やフィルム上の位置づけ（B系列を特徴づける前後関係にあたる）をどんなにくわしく調べても、それだけではそのうちどこが現在であるか（したがって過去・未来であるか）はけっしてわからない。いや、わからないというより、そこには現在などというものは存在しないだろう。現在を私に置き換えてもまったく同じことがいえる。

それにもかかわらず、この現在（や私）は実在世界における指示力を欠いたたんなる飾りなのではない。フィルムをどんなにくわしく調べても、どこが現在であるかはけっしてわからないとはいえ、その逆に、スクリーン上に現に映っている映像の内容を調べてみれば、それがフィルム上のどこに対応するかを知ることができるからだ。端的な現在や端的な私を、そちらの側からフィルム上に位置づけ、いつであるか、誰であるかを知ることは可能で、むしろかなり容易な仕事なのである。これがすなわち受肉の秘義であり、そこには必ずいま述べたような一方向性がある。このように捉えた場合、自己意識とはこの一方向的受肉の別名であることになる。

しかし、ひょっとするとウィトゲンシュタインのこの比喩の趣旨がうまく理解できない人がいるかもしれない。そういう人はおそらく、スクリーン上の映像と言われたとき即座にスクリーン上における映像の連鎖のことを考えてしまうのだろう。そう考えてしまえば、その連鎖自体がそのままいわばフィルムになってしまう。とはいえ、そう考えてしまうことに根拠がないわけではない。たしかに複数の現在の相互的な関係づけはフィルム（に相当するもの）を経由して為されるほかはないのだが、そしてそれは重要な事実ではあるのだが、それでも現在は必ず連鎖するとはいえる。この事実もまた見逃すことはできない。この連鎖する現在と端的な現在の違いを、この比喩においてウィトゲンシュタインはまったく考慮していない。この点は彼のこの比喩の欠陥であるのみならず、おそらくは彼の独我論論駁の議論全体の欠陥（の一部）にもなっている。彼が考慮しなかったこの問題を、時間に関連して（そこに内在する矛盾として）はじめて提起したのがマクタガートであった。

ともあれ、映像とフィルムの関係について述べてきたことが、〈現在〉や〈私〉についてのみならず《現在》や《私》についてもいえることは、ウィトゲンシュタインが提示した比喩のうちにもすでに示されているといえる。この比喩はスクリーン上に現に今ある映像とフィルムとの関係を問題にしている。このポイントはけっして手放すことができない。しかし、スクリーン上の映像といえども現に今あるものしかありえないわけではないだろう。それは可能的にはフィルム上のすべての位置に対応して存在するはずなのであり、そのどれについても、可能的には、ここまで論じてきたのと同じ問題が成立するはずである。これがすなわち《現在》や《私》の問題にあたるわけである。

この問題はこの問題で重要だがここではこれだけにして、もとの問題に戻ることにしよう。スクリーン上に現に今ある映像の内容を調べることで、それがフィルム上のどこに対応するか（すなわち、いつでありだれであるか）を知ることは容易だとはいっても、もちろん、たんに現に今スクリーン上にあるという事実だけからでは、それを突き止めることはできない。だが、幸いにして、実際にはそれだけということはありえず、ちょうどどんな天使にも最低限の質料があるように、いかなる〈　〉にも最低限の受肉の事実がともなうのだ。すなわち、現に今スクリーン上に映っているという事実とともに必ず何かが映ってもいるのである。

　スタンフォード大学図書館内で記憶喪失に陥ったルドルフ・リンゲンスは万巻の書を読破することで世界についてのすべての客観的知識を持つにいたり、そのことで自分がだれであり今がいつであるかを知るにいたる。* しかし、もし彼が（ともあれ自分はこれであるということだけを知っている）たんなる自己意識的存在にすぎなかったなら、すなわちいかなる知覚状況も与えられていなかったなら、彼は客観的（事象内容的）には全知であったとしても（したがってルドルフ・リンゲンスなる男がいつどこでどういう知覚状況にあるかもすべて知っていても）、自分がだれであり今がいつであるかだけはけっして知ることができなかったであろう。しかし、幸いにして、彼にはたんなる自己意識に加えて自分自身の知覚状況が与えられていたので、それを媒介にして、それを持つのがルドルフ・リンゲンスという男でその時点がいつであるかを探り当てることができた。すなわち、現に映っている映像の側からフィルム上の位置を突き止めることができた。（しかし、特定の知覚状況が与えられていない神は、全知であるにもかかわらず、自分がだれであり今がいつであるかだけはけっして知ることができない。）

＊ この段落はデイヴィッド・ルイス（野矢茂樹訳）「言表についての態度と自己についての態度」（『現代思想』一九八九年六月号に所収）の状況設定に基づいている。

三種の知があることになる。第一は、フィルムがその比喩である世界の客観的事実についての知である。第二は、現在の映像（その映像の内容ではなくそれが現在の映像であるということ）がそれの比喩である、〈現在〉や〈私〉の（デカルト的な）直接知である。しかし、その二つだけではその二つを繋ぐことができない。第三に必要なのは、現在の映像（それが現在の映像であることではなく、その映像の内容の側面）がそれの比喩である、〈現在〉や〈私〉がフィルム上にある何かと同一である何かと結合していることの（言い換えれば、結合しているものがフィルム上の何かと同一であることの）知である。それは、〈現在〉であれば通常は主としてその時点の知覚状況、〈私〉であれば通常は主として来歴の記憶であろう。これによって、スクリーン上の映像の側が（一方向的に！）フィルム上の客観的位置におのれを繋げることができる。（あくまでも一方向的である理由は、フィルム上にある事実の側から現在映っている映像を突き止める方法はないからであり、比喩を外してもっと端的に言えば、世界の客観的事実のうちには〈現在〉や〈私〉はそもそも存在しないからである。）これが自己意識に基づく自己知である。

このフィルムと映像の関係が時計における文字盤と針の関係に類比的であることを見て取るのはたやすい。しかし、その際に見逃してはならないのは、時計からではウィトゲンシュタインが意図したような独我論論駁的な含意を引き出すことはできないという点である。なぜか。それは、文字盤はフィルムとは違って、針は現に今スクリーン上に映っている映像とは違って、つねに見えており、しかも針はつねに針の他の位置と対比されて「過去や未来と対立するものとして使われて」いるからである。

針は、見かけに反して、先ほどの知の三分類でいえば、第二の〈現在〉の知に対応するのではなく、第一の知と第二の知を媒介する第三の媒体知に対応している。針の動きそのもののうちにはどこにも〈現在〉はない。第二の知に対応するのは、ある針の位置が現に今見えているという事実である。時計は、その事実から出発することによってだけ、ただその方向においてのみ、時刻を告げ知らせることができる。時計そのものをどんなに詳しく観察しても、文字盤からも針からも、今がいつであるかは知らされない。今がいつであるかは、時計の外に現に今がすでにあって、そこから時計を見たときにだけ（この一方向においてのみ）知らされるのであって、時計それ自体には、そのようなものは影も形もない。

時計にはスクリーン上の映像のような「それしかなさ」を表象するものがなく、それは独今論や独我論を表象させにくい。そのかわりに、文字盤上の針の動きは現在の連鎖という別の事実を表象させる力がある。ここに成立する《現在》と〈現在〉の関係をめぐる問題については、マクタガートに関連して、すでに各所で論じてきたし、七段落ほど前（一三五–六頁）にもその問題に触れている。この章の冒頭で触れた「A変化」と「相対化されたA事実」の関係もこの問題に関係するが、より詳しくは別の機会に譲ろう。ともあれ、装置そのものの内部には表象されない独我論性は、現実に今の針の位置しか見えないという事実によって、その外から直に与えられるほかはない。それなしには時計は時計として機能することができない。

今しか見えないことが時計を時計としてはじめて成立させているのと同様、現に今スクリーン上にある映像（なぜかそれが現に今であるということ）こそが映画を映画としてはじめて成立させている。時計も映画も、それ以外の仕方ではそれとして存在することと自体ができない。ウィトゲンシュタインに反して、スクリーン上に現に今見えている映像（がその比喩であるところのもの）の存在には、実のところはそれがすべてであると言えるほどの、いやそんな言い方では表現しがたいほどの存在価値があるのだ。

もし時計や映画にかんするこのような捉え方が理解できたなら、われわれの知っているこの人生と世界もまた、それと同じような仕方でしかわれわれの知っているこの人生と世界としては存在しえないこともまた即座に理解されるはずである。（ウィトゲンシュタインの哲学が前人未踏の問題領域の存在を決定的な仕方で提示したことは疑う余地がないが、その本質的な誤りもまた疑う余地がないと思う。）

第9章
いかにして〈私〉や〈今〉は世界に埋め込まれうるか

仲間の無さの仲間を作って自分をその一例とする

前章で提示した三種の知においては、一方向的にではあるが、第二の独在知が第三の媒体知を介して第一の全体知へと繋がることができた。しかしもちろん、実際には全体知のようなものが与えられていることはありえない。その場合、おのれを客観的世界の中に位置づけて（たとえば）たくさん存在している人間という動物の一例であると理解するには、（いまだ自己知なき）独在知から出発して、そこになぜか見出される受肉という事実を経由することによって、第一の全体知の可能性をひらいていく、という経路をとるしかないことになる。その逆の経路がすでに閉ざされていることは（一方向性によって）すでに明らかだろうが、こちらの経路のほうはいかにして可能なのか。

フィルムと映像の比喩で言うならば、それは、なぜか現に今映っている唯一の映像から出発して、その映像内容を基にして（それ自身を一部として含むような）フィルムの全体を（少なくともその概要を）構成する、ということである。前章で提示した筋道はそのようなものではなかった。それは、独在知（現に今映っている映像）から出発するとはいえ、全体知（フィルム）は初めから与えられており、その二つを、媒体知（映像の内容）を使って繋ぐにすぎなかった。すでに何らかの形で全体知が与えられているのであれば、現実に直接与えられている独在知の側から、おのれがそのうちのどれにあたるかを突き止めることはたやすいだろう。フィルムの全容を知っているなら、現に映っている映像がそのどこにあたるかは当然わかるであろうからだ。

しかし、現に映っている映像だけから、すなわちそれが現に映っているという事実とその内容だけから、フィルムの全容を、ともかくもその骨格を構成することなどがどうしてできようか。この課題は、伝統的には、意識に内在するものからそれを超越する世界を構成するという超越論的構成の課題に対応する。そもそも事実として私の意識に与えられているものしか手掛かりはないのだから、それを超越するものもまたそこから構成されるほかはないはずだ、と主張されることもある。もっともな主張ではあるが、じつのところはその仕事は、意識に内在するということの意味を広げて、カントのカテゴリーをはじめとする、内在するとも外在するともいえるある種の超越力をはらんだものの助けを借りなければ成し遂げられない。問題はむしろ、そういう助けを借りさえすれば（いかにして）成し遂げられるのか、である。

助けを借りたとしてもなお、もっと根本的な発想の転換を要求する、途方もなく困難な課題が待ち受けているだろう。それは、現に映っている唯一の映像だけから、すなわちそれだけが現に映っているという事実とその映像内容（と直前に指摘した助け）だけを手掛かりに、可能な諸映像というものを構想し、おのれをそれらの一つとして位置づける、という課題である。同種の他の諸映像などというものが端的に無いことによってこそ特徴づけられていたまさにそのものにかんして、その内部からそのことにおいて同種の、他の諸映像の存在可能性を導き出し、それらと並ぶ一例として現に映っている映像を位置づけなおす、という課題である。

　ウィトゲンシュタインは『哲学的考察』第五四節の、前章で引用した個所の直前で、そこでの「現在」という語の用法にかんしてこう言っていた。

> その語によって意味されているのは……空間内にあるものではなく空間それ自身にほかならない。すなわち、それは他のものに境を接する（したがって他のものによって境界づけられうる）ということがない。したがって、それは言語によって正当に際立たせることの不可能なものである。

　ここで使われている比喩によって表現するなら、われわれが直面している課題は、その「空間それ自身」を空間内に在る一つのものにすることであり、その「他のものに境を接するということがない」ものを他のものに境を接するということがあるものにすることであり、したがって、「言語によって正当に際立たせることの不可能なもの」を「言語によって正当に際立たせることが可能なもの」に仕立て上げることである。これはすなわち、それしかないという現実から、そのしかなさにおいて同種の他のそれしかないものを作り上げて自分をその仲間にする、ということである。言い換えれば、「ものごとの理解の基本形式」を、そこに収まらないことこそを特徴とするものにかんしても作り上げて、自らをそこに収める、という課題である。すなわち、端的な現実性を欠いた、概念的にのみそれを持つ《今》や《私》を構想するという課題である。

　こうしたことは、哲学の世界の伝統＝流行において「他我問題」として考えられてきたものに似ており、そこではしばしば「他人の心」の存在が懐疑の対象とされてきた。しかし、ここでは、実は存在したり実は存在しなかったりできるような「他人の心」なるものが主題になっているのではなく、端的に存在しない（実は存在しているということも、またこれから存在するようになることも、ありえない）他人の私（という矛盾したもの）をただ概念的にのみ作りあげることが課題なのである。だから、そこに作りあげられる前の立場を持ち込めば、その存在が懐疑できるのはあたりまえのことにすぎない。このような捉え方をもし独我論と呼ぶのであれば、独我論を超えるなどという課題はありえない。もし超えられてしまったら、世界の中のたくさんの生き物のうちに私は含まれていないことになるからである。あるいは少なくとも含まれているかどうか（含まれているとしてどれがそれであるのか）わからなくなってしまうからである。

さて、それでは、そこに収まらないことこそを特徴とするものについて「ものごとの理解の基本形式」を作り出しておのれをそこに収めるなどという仕事がどうして可能なのだろうか。抽象的に答えるならば、カントのそれとは本質的に異なるとはいえ、そのために必要とされるのはやはりある種のカテゴリーである。最も本質的には様相（現実性・可能性・必然性）、そして、それから派生したものとしての人称《パーソン》（第一人称・第二人称・第三人称）と時制（現在・未来・過去）である。その効力をひとことで言うなら、これまでの議論で中心的な役割を演じてきた端的な現実性というあり方を（その端的性を取り払ってあるいは含み込んで）「現実性」という様相上の一カテゴリーとして位置づける、ということである。実存と本質という伝統的対比を借りていうなら、それは、端的に実存するということによって（暗に）特徴づけられていた事態から端的には実存してはいない、たんなる「実存する」という概念を作り上げて（すなわち実存という名の新たな本質を作り上げて）、おのれをそれの諸例のなかの一つとみなす、ということである。

この驚くべき、ある意味ではほとんど信じがたいほどの知的な飛躍が、人間的ロゴスの始まりであろう。この驚くべき飛躍がほとんど問題にされないのは、哲学の問いをも含めてほぼすべての問いが――『デ・アニマ』や『アビダルマ・コーシャ』から『存在と時間』や『ことばと対象』にいたるまで――すでにこれが完了した後の世界像を前提にしてそこから開始されており、この問題はつねに飛び越えられ隠蔽されてきたからである。*

＊　客観的世界そのものを（総合的統一によって）はじめて実在させる「超越論的統覚」として「私」を捉えたカントにおいてもやはり、その論じる問題は結局のところ世界の中心化された在り方という形式的な問題に終始しており、統覚というその役割を現実に担って現実に世界を実在させている〈私〉と、その世界の中に登場する一対象にすぎないと同時にまったく同格に超越論的統覚でもあらねばならない（もしそうでなければともに『純粋理性批判』を理解しあうことなどできない）《私》たちとの落差の問題は、やはり飛び越されて（それゆえその問題の存在は隠蔽されて）いる。要するに、中心性の問題の外に現実性の問題があることが考慮されていない。いいかえれば、タテ問題に終始しヨコ問題の存在が考慮の外に置かれている。

しかし、たとえば様相における現実性を時制における現在性に置き換えて考えれば、この問題の存在は容易に理解できるはずである。現在にかんしては、現にこの今、この現在しか現在ではなく、他の時間はすべて過去か未来である。一方では、このことがあまりにも明らかだろう。しかし、他方では、いつでも現在であって、現在でない時はありえない、という直観もまたわれわれは持つだろう。ここにはあからさまな矛盾があるのだが、多くの人はその矛盾の存在を気にもとめていない。

この矛盾的なあり方には二つの表象の仕方があって、一つは「動く現在」という表象の仕方である。それによれば、年表のような出来事系列上を現在というものが過去方向から未来方向へ向かって動いていく。現在が動いて行くのだから、その動く現在は現在どこにあるのかという問いが成り立ち、たとえば「それ（＝現在）は現在二〇一八年一月にある」などと言える。さてしかし、動く現在のほうの現在と、それが現在どこにあるのかのほうの現在とが、ともに現在と呼ばれるのはなぜなのであろうか。

もう一つは、現在という場の上にさまざまな出来事が次々と生じては消えていく、という表象の仕方である。この場合もやはり、さまざまな出来事がその上で生じては消えていくのであれば、その現在という場にも過去のそれや未来のそれもあることになる。もちろん現在のそれもである。ではしかし、現在という場のほうの現在と、現在のそれのほうの現在とが、ともに現在と呼ばれるのはなぜだろうか。

答えは、端的な現在からその端的さの側面（すなわち現実性）を取り除いて、現在というあり方の本質的特徴の側面（すなわち中心性）だけを抽出し、そのうえでおのれをその一例と見なしたから、というものだろう。抽出された本質のなかには、現実性もまた概念（本質）化されたかたちで保存されている。すると、過去にも未来にも現在があることになる。過去にはあったし、未来にはあるだろう。

その結果、現在が動くとか、現在という静止した場に出来事が生起するといった、見方によってはまったく意味をなさないほど馬鹿げた考え方が、何の問題もない、きわめて普通の考え方になる。現実性を概念（本質）化して保存することによって、「ものごとの理解の基本形式」から外れざるをえなかったものをそれに乗せることに成功したのである。現在は、むきだしの実存としての現在とその実存を本質化して保持した現在という二つの意味を持つことになった。
時制における現在を人称における第一人称に置き換えて、上の〈現在〉の《現在》化のプロセスを〈私〉の《私》化のそれに変えても、本質的な問題は変わらない。要約を兼ねて本質的な点を繰り返そう。

私は世界に一人しかいない。他はみな他人である。一方では、これはあまりにも自明のことだろう。しかし他方では、だれもがそれぞれ「私」であって、「私」でない人などはいない、ともいえる。ここには矛盾があるのだが、多くの人はその矛盾の存在を気にもとめていない。だがしかし、現に一人しかいない〈私〉と、それぞれの人が自分を呼ぶ「私」が、なぜ同じ語で表現されるのだろうか。

答えはやはり、端的な私からその端的さの側面（すなわち現実性）を取り除いて、私であるというあり方の本質の側面（すなわち中心性の側面）だけを抽出し、そのうえで自らをその一例と見なしたから、というものだろう。抽出された本質のなかには、現実性もまた概念（本質）化されたかたちで保存されている。すると、他人もそれぞれ「私」であり、それぞれにとっては「端的な私」であることになる。「ものごとの理解の基本形式」から外れざるをえなかったものがそれに乗せられることになったわけだが、乗り切ることはやはりできない。むきだしの実存としての私と、その実存を本質化して保持したものとしての私の区別が、消滅することはない。
と、このように説明しても、この期に及んでもなお、最初の「私は世界に一人しかいない。他はみな……」を読んだ時点においてすでに、それぞれの（あるいは任意の）人にとってそうである、という意味に取ってしまう人がいるかもしれない。そうなれば、これは一般に自分である場合の「私」と一般に他人である場合の「私」とのあいだに成り立つ問題になってしまう。じつはこれはそのような理解の仕方の成立そのものについての議論なのだが、すでにそれが完了した段階で理解されて（もちろん誤解なのだが）しまうわけである。「ほぼすべての問いが……すでにこれが完了した後の世界把握の仕方から開始されており、この問題はつねに飛び越えられ隠蔽されてきた」との認識から始まったはずのこの議論が、それ自体「これが完了した後の世界把握の仕方」で理解され、問題はまたもや（繰り返し繰り返し）隠蔽されてしまうわけである。そうなってしまえば、この議論はよくある任意の主体から出発する他我問題のようなものの一種になってしまうだろう。現在についてもまったく同じことがいえる。カテゴリーというものはいつもすでにはたらいているのだから、それはやむをえないことではあるのだが、そのはたらきからあえて意志的に離脱して、そのはたらくさまを外から観察することが意志できなければ、ここで論じられている問題の意味はわからない。

さて、そのような誤解なしに首尾よく理解がなされて、「ものごとの理解の基本形式」から外れていたものがそこにきれいに収まる仕組みが理解されたとしよう。他人もそれぞれ「私」、それぞれにとっては「端的な私」であることになり、どの時点もそれぞれ「現在」、それぞれにとっては「端的な現在」であることになった。これはすなわち、問題のタテ化、すなわち反省意識化の準備が整った、ということでもある。なぜなら、それぞれの人やそれぞれの時点がまずは並列的に存在し、それぞれおのれを反省的に捉えたときに、そこに「私」や「現在」が成立する、という世界観がこれによって可能になったからである。すでに述べたように、しかしこれは誤りである。じつはそんなふうにはなっていないからだ。他人（や過去や未来）においてすら、それにおける「私」（や「現在」）の成立にとって不可欠なのは、反省や再帰ではなく、可能的なそれいかない、しかなさである（これが先ほど、ここに中心性だけでなく「現実性もまた概念（本質）化されたかたちで保存されている」と言ったことの意味である）。想定された可能的なあり方の内部においてなお、そこにおける現実性とそこにおける可能性とのこの落差こそが一見「反省」意識と見えるものを成立させるのである。

受肉の果たす役割

さて、ここまでの議論によって、現に映っている映像だけから可能な諸映像というものを構想し自らをそれらの一つとして位置づけるという課題がいかにして果たされるか、について一つの道筋が見出されている。これはいわば、現に上映されている映像の内部からそれをフィルム上に位置づける可能性が見出されたということである。これは主観的意識から客観的世界を構成する超越論的な世界構成の議論とは違う課題に答えるものなので、そこを混同しないようにふたたび強調しておきたい。*

＊　とりわけ哲学の専門家は要注意。素人の方々は提起された問題をそのまま素直に理解できるのだが、哲学の専門家はすでに一見似て見える問題をたくさん知っているため、それらと識別するという別の課題がここに介入せざるをえないからだ。

ここでの課題は、なぜか（すなわちその内容からの根拠づけをいっさい欠いた仕方で）現実にそれだけが存在してしまっているこれから出発して、（そのなぜかさを含めて）同種の多数のものを実在させ、自らをそれらのうちの一つに仕立て上げること、そのようにして諸主観が並列的に共在するという客観的で相対主義的な世界像を構築すること、にある。そのようなことが（逆方向においては不可能であるにもかかわらず）この方向においてはとにもかくにも可能ではあることを示すことが、この議論のポイントである。ここにはたんなる現実性（ウィトゲンシュタインの比喩でいえば、なぜか現にその映像がスクリーン上にあること）という、フィルム上の意味連関の外にある偶然性が介在するので、超越論的構成（すなわち中心化された世界から出発する脱中心的世界の構成）のような意味での必然性のある構成作業は成立しない（フィルム上のいかなる事実を手掛かりにしても、逆向きにその現実性にいたりつくことはできないことからもわかるように）。

この事態は受肉と呼ばれてよいのだが、その意味するところは自分を物質化することにあるのではなく、もっと広く、複数個存在しうる何かある種類のものの一例とすることに、ウィトゲンシュタインの言い方を借りれば「他のものに境を接する者」とすることに、要するには「ものごとの理解の基本形式」に収めることに、ある。もちろん、その何かある種のものは物体であってもよいが、必ずそうである必要はない。*

* この意味に解するなら、イエス・キリストが受肉したといえるのは、人間の肉体を持ったからではなく、たくさんいる人間たちのうちの一人になったから、ということになる。

しかし逆に、身体というあり方をこの事態を象徴するものとして捉えることはじゅうぶんにありうることだろう。たとえばあのルドルフ・リンゲンスであっても、先に言及した際には原論文の状況設定に従って、記憶は喪失しているが客観的に全知である（自分がだれであるかは知らないがすべての客観的知識を持つ）という設定に従ったため、知覚状況の知を媒介にして独在知と全体知を繋げることが課題となったが、もし全知などという想定を持ち込まなければ、自分がだれであるかを知るのに不可欠な媒体となるのはやはり身体の知であろう。すなわち、身体的受肉（言い換えれば身体的自己意識）を出発点とするほかはないだろう。

実際、リンゲンスは、原論文の設定においても、じつはそれを持つことが暗黙の前提とされている。すなわち、すべての個人的記憶の喪失にもかかわらず、図書館内にたくさん存在する人間身体のうちで「私はこの身体である」と知ることができるのだ。言い換えれば、たくさん存在する人間たちのなかで「私はこれである」と自分の身体を指して言うことができるのである。

これはもちろん、デカルト的意味では必ずしも不可謬というわけではない。とはいえ、多数の人体のなかでただ一つ、現に右膝に痛みを感じ、背中に痒みを感じ、その目を開けたときだけ外界が見え、（目を開けるという想定にも示されているように）その体だけを動かすことができ、したがってその口からだけものが言える、……等々、といった人体が存在したならば（すなわち、そう感じたならば、いいかえれば、そういう自己意識を持ったならば）、それがじつは自分の身体でない、ということはありえないといえるだろう。

もちろんこれは身体への受肉知であるから、そこから離脱した純粋な「コギト・エルゴ・スム」のような絶対性はない。たとえば、（欺く神に欺かれているといった理由で）そんな身体などじつはそもそも存在せず、そうした思い（すなわち物質的身体とのその結合感）自体がすべて幻覚・幻想である、といった極端なケースなども考えられはする（逆にいえば、デカルト的コギト・エルゴ・スムはその種の極端な想定にも耐えうる絶対性がある）。しかし、当面の課題は常識的世界像の構築にあり、受肉知もまた事実知にすぎない以上、そのような極端なケースを考慮に入れる必要はない。

そのようなケースを排除するなら、ルドルフ・リンゲンスもまた、たとえ「私はだれであるか」を知らないとしても、「私はどれであるか」は知っている、といえる。リンゲンスのみならず一般に、自分がだれであるがわからなくなったとされる認知症の患者なども、じつは、周囲に多数存在する人間身体のなかでどれが自分の身体であるかを知っているだろう。それはつまり、それらの多数の人間身体の主体たちもまた《私》（現実的でない〈私〉）ではあるが、現実の〈私〉はなぜかこの身体に受肉している、という知である。* これはすなわち（前章で論じた意味での）自己意識であり、そこからはより客観的な（自分がだれであるかという）自己知にいたる道筋が通じているはずである。スクリーン上の映像の比喩を使って言うなら、このような仕組みがはたらくことによって、映像の成立そのものの中にフィルムの構成を成り立たせる原理の一部がすでに含まれており、したがって映像はそのようにして構成された（はずの）フィルムの一点に必然的に位置づけられることになるわけである。

* ここでもまた、精神が身体に受肉しているように誤解する人があらわれるかもしれないが、もちろん、そのような問題を論じているのではない。ここで身体のかわりに精神を置いても、精神もまたここでの意味では身体であるから、本質的には同じことがいえる。この注が付けられた文の「身体」を「精神」に置き換えても、その文は問題なく成立し、むしろそちらのほうが私が論じている哲学的問題にとっては重要な意味を持つといえる。しかし、精神は自他に共通の仕方で（すなわち他の物体と同様に）目によって見られるという側面がないので、ここで論じている、客観的世界への定位という問題にとっては不適切な例になるというにすぎない。

現在についても同じことがいえるだろう。今がいつであるかわからないことはありうる。しかしそれは、何年の何月何日の何時何分かがわからない、という意味であって、そういう場合でさえ、（さっき起こった）あの出来事や（これから起ころうとしている）その出来事ではなく、この出来事こそが現在起こっている、ということはわかっているであろう。それはつまり、それらもまた可能な現在ではあるが、現実の現在はこれである、という認識であり、時間的自己意識（としての現在意識）である。すなわち、スクリーン上の映像の比喩にはじつはディスアナロジーが含まれているのであって、映像それ自体には前後関係が内在してはいないが、それとアナロガスだとされる現在には、すでにしてその内部に前後関係が含み込まれているのである。現在もまた（一方向的にではあるが）必ず受肉しているわけだ。

現在にかんしては身体の比喩は成り立たないのではないか、と思う人がいるかもしれないが、そうではない。「あの出来事やその出来事ではなく、この出来事こそが現在起こっている」と捉えられる場合には、「出来事」が身体である。出来事という可算的身体性なしには、記憶という知の形式もありえなかっただろう。その点で出来事よりもっと適切な例は、一日、二日、……と、数えるための区切りがはっきりしている「日」（あるいは「年」）である。「日」は、「今日」と内側から捉えることも、「その日」と外側から捉えることもでき、「今日」は「その日」に一方向的に受肉している。他の日々もまた《今日》（現実的でない可能な〈今日〉）ではあるのだが、現実の〈今日〉はなぜかこの日である、という自己意識（今日意識）が（「日」と捉える以上）必ず成立しており、それが（何年何月何日であるかという）自己認識（今日認識）の成立の基盤になっている。

自己意識においてすでに、実存（たんなる現実性）が本質（何であるか）と結合しているわけである。ただしもちろん、これもまた一方向的であるから、何年何月何日の側からたどって行っても、そちらの方向からでは一般的なその日としての今日（その日にとっての「今日」）という相対的なあり方までしかたどり着けない。

《私》を識別する「第一基準」が提示されたとき、それはすでにしてこの身体的受肉の事実が前提されたかたちで表現されていた。新しいバージョンでは、それは「現実に物が見え、音が聞こえ、現実に思考し、想像し、現実に思い出したり予期したりする人」となったが、古いバージョンでは「その目から世界が現実に見え、その体だけが叩かれると現実に痛く、その体だけを現実に直接動かせる、……人物である」と、あからさまに身体への言及があった。もちろん、すでに指摘したように、じつはその身体が幻覚・幻想であるといった種類のことは考えられはする。それ以外にも、「人」とか「体」といった（この議論連関においては、複数個存在するもののうちの一個でなければならないはずの）ものが、複数個にバラけている場合なども想定可能ではある。すなわち、そこからだけ世界が現実に見える目が付いている体と、それだけが叩かれると現実に痛い体と、それだけを現実に動かせる体と、……と、がそれぞれ異なるといった場合である。

さらにまた、ものを言う口だけをとっても、たとえば次のようなケースも考えられるだろう。私は頭が痛いので「私は頭が痛い」と言う。すると、なぜか私の近くにいた別の人の口が動いてその口から「私は頭が痛い」という言葉が発せられたとしよう。私は真実を語ったのだが発言は

（客観的には）偽である。もちろん、彼もまた頭が痛いかもしれないから、偽であると限るわけではない。その場合、私はたまたま真なることを語ったことになるだろう。たまたまだと限るわけでもない。私はじつは自分の発話意図が彼の口を動かすことを知っていて、かつ、彼が頭痛状態にあることも知っていて、それゆえに「私は頭が痛い」と彼の口から言った、という場合も考えられるからだ。すると、その発言は（ある意味では）意図どおりで、かつ真であることになる。しかし、彼自身は（頭は痛いにしても）そう言おうと意図したわけではない。また、かりに言おうと意図してはいたとしても、その発話意図が彼の口を動かしたわけではない。そして、口を動かして発話した発話意図の主体（つまり私）もまた頭が痛いにしても、その痛みを指して「頭が痛い」と言ったのではないから、これは真なる発言だとは言い難いともいえる。

　こうしたことはみな、この議論連関でなければ、たんにそのように描写される事態（これらはみな可能な事態ではある）が起きているというだけのことで、哲学的にはむしろ興味深い分析の素材を与えるだけのことだろう。だが、この議論連関においては、このようなことは起きてはならないのだ。このようなことが通常は（実際には・事実としては）けっして起きないということがこの受肉的結合を可能にしており、それを前提にして、「人《パーソン》」という基礎的な概念も初めて成立する。「人」ほど明白ではないにしても、時間における「出来事」や「日」にも同様の仕組みが働いている。これらは偶然的事実に基づくとはいえ、すでにして一種の論理的な役割を担っている。このような恒常的な繋がりを前提にしてわれわれの世界理解は成立しているからだ。

逆にいえばそれはしかし、すでにして一種の論理的な役割を担っているにもかかわらず、この受肉的結合にはあからさまな矛盾（を含んだ二面性）が内在している、ということでもある。その一方の側である現実性は、他方の側から見ればそもそも実在しておらず、この結合は一方向的であり、逆方向からたどっても相対化された（概念としての）「現実性」にしか至りつけないからである。すなわち、「私」概念に矛盾が内在していることによって、〈私〉は世界に繫ぎ止められ、「現在」概念に矛盾が内在していることによって、〈現在〉は時間に繫ぎ止められているわけである（ただし、あくまでも一方向的に）。

自由意志について

もうかなりの字数を費やしてしまったが、最後にこの連関で自由意志の問題について少しだけ触れておこう（次章で多少くわしく論じることにして）。

唯一現実に与えられている視覚状況から実在する特定の眼へ、唯一現実に存在する痛みから実在する特定の身体へ、……、といった一方向性はあくまでも受動的だが、方向性はこれらとまったく同じであっても、唯一現実に与えられている発話意図から実在する特定の口を動かすことによる音声発話へ、唯一現実に存在している欲求から特定の身体を動かすことによる身体行動へ、……、といった場合は能動的であるとされる。ここまで論じてきた矛盾的接合の問題がこのように顕れた場合が、すなわちいわゆる自由意志といわれるものであろう。自由意志の問題は、通常、一般的な心的なものから一般的な物的なものへの因果性のはたらきのようなものとして、すなわちタテ問題として捉えられているが、自由意志もまたヨコ問題として捉えることができる。すなわち、多数の身体の中になぜか一つだけ現実に動かせる身体が存在している！　という驚くべき事実の存在こそが自由意志の問題なのだ、と。ここでもやはり、中心性の問題だけでなく現実性の問題を考慮に入れるべきだ、ということである。

しかし、それだからといって、自由意志の問題はじつはヨコ問題であって、中心性の問題ではなく現実性の問題こそがその本質なのだ、といえるかといえば、それはかなり微妙な問題があるだろう。「現在」や「私」については、〈現在〉や〈私〉にまつわる問題を考慮に入れなければ最も本質的な点を取り逃がす、と私は自信をもって主張できるが、同じことが「自由」と〈自由〉の関係についてもいえるか、となればそれは微妙である。すなわち、そこにヨコ問題があることは疑う余地はないのだが、それが本質かどうかについてはなお考慮の余地があるのだ。

しかし、私の見るところでは、それが本質だとみなすところに（じつのところは）根拠を置く伝統が厳然としてあって、超越論的自由や行為者因果説の伝統がそれである。それらは十分に根拠のある考え方であることは疑いないが、そのような見地に立つ場合には、以前に欺く神の欺き力との関係で検討したデカルト的「コギト・エルゴ・スム」もまたじつは自由意志の問題であったことになるだろう。〈私〉は存在については神に勝つことができたのだが、さて自由についても同じことがいえるだろうか。

第10章 人計《ひとけい》から東洋の専制君主へ

自由意志（続き）

本章では、前章で論じた意味での身体の問題と時計の針との関連を論じ、そこから現れてくる他時（過去や未来）と他者とのあり方の違いを説明するために、以前に予告した「東洋の専制君主」の問題を論じる。しかし、その前にまずは前章で取り残したヨコ問題としての自由意志の問題の続きを少しだけ。

前章では、「自由意志とはすなわち、多数の身体の中になぜか一つだけ現実に動かせる身体が存在している！　という驚くべき事実の存在のことにほかならない」と言ったが、より先鋭な語り方をするなら、こんな感じになるだろう。事後的には欲望とか意志とか何かその種の名で呼ばれるであろうような、何かしら世界に変化を引き起こせる力のごときものが現《アクチュアリー》に存在しており、それがそのまま発動すると、世界のなかに多数存在している身体のうちの一つが、なぜか実際《リアリー》に動いて、それが実現されてしまう、という事実。その際、動かす力はそこにある何らかの仕組みというよりはその現実性そのものであることになる。なぜなら、同じような仕組みは他にもあるかもしれないが、現に在るこれだけが実際にはたらくからである。

スクリーン上の映像の比喩を使って言うなら、最初になぜか存在しているそれは、現に今映っているという側面（すなわち現実性）にあたるが、これは本来、実在する世界に対して無関与的（無寄与的）であるはずのものだ。自由意志とはおそらくその無関与性（無寄与性）の関与（寄与）という矛盾したあり方のことだろう。という意味では、それは身体という矛盾したあり方をしたものと同じ存在性格を共有していることになる。多数の身体をどんなにくわしく調べてもどれが〈私〉の身体であるかはわからない（そんなものは実在しない）のと同様に、多数の身体運動をどんなにくわしく調べてもどれが〈自由〉による動作であるかはわからない（そんなものは実在しない）。実在する世界の側からそこに到達するルートがありえないという意味でそれは実在していない。

だから、一つの意味では（すなわち実在性においては）、自由意志が起こす行為には脳過程等の物理的原因があらねばならないが、別の意味では（すなわち現実性においては）そのような介入はありえない。理由は簡単で、脳過程は並列的にだれにでもあるからだ。スクリーン上の映像の比喩で言えば、映っている映像をフィルム上に位置づけられれば、その映像の内容である映っている出来事に物理的原因があるのは当然のことだが、映っている映像そのもの（それが映っているという事実）にはその種の原因はありえない。その種の因果連関の外にあることをスクリーン上の映像の比喩で表現しているのだから。

誤解の余地のないように付け加えておけば、この対比は精神対物質のような対比ではないから、物質的な身体をどんなにくわしく観察してもそこに自由意志に対応するものがないのと同様に、各人が並列的にもつ心のあり方をどれほど細密に（現象学的に）観察しても、そこにもまた自由意志に対応するものが見出される可能性はない。

同じことを〈私〉についてではなく〈現在〉について語ると、少々不思議な語り口になる。無限の時間の中になぜか一点だけ現実に自由になる時点が存在している！　ということになり、そのことこそが〈現在〉であることの意味になるからだ。〈現在〉の場合には物質的身体の問題はとくには関係していないので、たとえば思考の中だけで「今は他のことは考えずにこの問題だけを考えよう」と意志してそのようにするといった純粋に心的なはたらきなども自由意志によって引き起こすことができる。引き起こせるというそのことが〈現在〉であることの根拠であることになる。

この議論は、〈現在〉や〈私〉だけでなく、概念化された水準でそれがそのまま反復する《現在》や《私》にも、議論としてはそのまま妥当するので、その水準において唯一の現実性として捉えられた他人たちにも、当然、自由意志があるとされることになる。そう見なすことがすなわち他人と見なすことであることになるわけだ。その場合、他人は、概念的には〈私〉とまったく同じ性質の矛盾したあり方で存在することになる。しかし、実在している他者たちをそう見なさないことも可能ではあると思われるので、その点については後に論じよう。他時点にかんしても同様のことがいえる。自由は〈現在〉だけにあるが、どの時点も《現在》ではあるので、自由であったし、自由であるだろう、と。しかし、そう見なさないことは、他人の場合と比べてはるかに難しいと思われるので、この差異の根拠についても後に論じたい。

一般に感じる身体が動かせる身体であり、この二つは重なっている。この二つがずれる場合等々についてはいくらでも考えられるが、そうした可能性の問題にはさほどの重要性はない。哲学的重要性があるのは次の一点だけだろう。感じる身体が私の身体であるという場合、本当に感じているのか、という問題は介在しない。本当は感じていないが感じているかのように感じられるということはなく、感じているように感じられれば(感じていると思えば)感じていることになる。この点についてはすでに論じた。しかし、本当は感じていないが感じているかのように感じられる身体、ということは考えられるだろう。前章でちょっと触れたように、身体とのその結合感それ自体が幻覚である(そんな物体的身体などそもそも実在しないといった理由で)といった場合は考えられるからだ。とはいえ、物体的身体が存在している場合には、もしそこに痛みを感じれば(「そこが痛い」感があれば)そこが痛いだろう。ここにもまた誤りの可能性がない、と考えることができる。

この意味においてであれば、動かせる身体の場合には、本当に動かせているのかという問題が直接に存在することになるだろう。それは、感じる身体の場合の、じつは身体が実在しない場合に相当すると考えられるからだ。じつは物的身体が存在しないように、じつは別の因果連関がはたらいていて、意識的な意志はその因果連関の随伴現象にすぎない、といったケースを考えればよい。

たとえそういうケースであっても、その可動的結合感なしには〈私〉は存在できないだろう。ただ受動的に感じているだけでなく、そこから新たに何かが始まる（始められる）感とともにでなければ、〈私〉が存在するということはできないであろう。たとえ身体が麻痺して動かないような場合でも、そのような可動的結合感に相当する意思決定の自由感そのもの（たとえば先に例示した「今は他のことは考えずにこの問題だけを考えよう」と思ってそうするケースのような）は不可欠である、と考えることができる。もしそうしたものもまったく存在せず、ただ受動的に意識状態の変化を傍観しているだけの状態では、その状態を他の可能性と対比する対比的な思考などもはたらかないであろうから、自己意識も（そして現在意識も）成立しがたいだろう。つまり、そのような状態が成立していても、いったい何が成立しているのか、わからないだろう。

先にも触れたように、そしてこれからそのことの根拠となる問題の一部を検討することになるように、このことは〈私〉だけでなく《私》にも当てはまるので、この了解は主体（と捉えられたもの）一般に累進的に広がり、われわれの生きる世界はそのような了解のもとに成立することになるから、先ほど言及した「別の因果連関」なども、そうした世界了解の内部でだれかの研究によって「発見」されるほかはないことになるだろう。このような描写自体にある種の矛盾が内在しているが、それを消去することはできない。この世界は、事実、そのようにできているからだ。

実在的世界の観点からすれば、〈私〉や〈現在〉はもともと幽霊のような仕方でそこに寄生しているにすぎないのだから、自由意志もまたそうであることにとくに驚くようなところはない。それらはみな実在《リアリティ》には属さないとはいえ、そこから開かれる世界こそが文字どおり還元不可能な現実性《アクチュアリティ》をなしているので、そのことを否定することは決してできない（映像の側から見ればフィルムのほうこそが映像世界のあり方を整合的に説明するために作り出された一つの話にすぎない）。

前章の最後に、デカルト的「コギト・エルゴ・スム」が自由意志の問題であったとすれば、彼は神に勝つことができただろうか、と問うた。答えはもちろん否である。もしそうであったなら、彼はいともかんたんに敗北していたであろう。「欺くならば力の限り欺くがよい、しかし私が私には自由意志があると思っているあいだは、*あなたは私から自由意志を奪うことはできないのだ」などと言ってみても虚しい。これはつまり「……私が私には身体があると思っているあいだは、あなたは私から身体を奪うことはできない」と同じ種類の、デカルトが疑いうることとして最初から排除した種類の知にすぎないからである。どちらも世界への受肉知で、デカルト的な意味での最終的な疑う余地なき知識の見地から見れば、いわば二流の知識にすぎない。しかし、それらこそが〈私〉を世界に繋ぎ止めているのであって、その意味では、それらもまた不可欠ではあるのだ。全知ではないリンゲンスがどうして自分がだれであるかを知りうるのかといえば、それは彼が受肉しており、受肉知を持つからでしかありえないだろう。

＊　この言い方はじつは精確ではない。精確には「自由意志があると思っているあいだは」ではなく「思う《コギト》ということの本質が自由意志にある以上は」とすべきだろう。デカルトがそう言ったと想定した場合、彼が勝てる可能性が生じる。しかし、それはあくまでも神の関知せぬヨコ問題における勝利である。（忘れてしまった人のために解説しておくなら、神は全知であるにもかかわらず〈私〉の存在を知りえないのであった。ここで彼がその〈私〉の存在根拠を自由意志の存在に求めたとすれば、〈自由意志〉は神の力の外にあるといえることにはなる。しかし、それはじつは〈　〉の中身を変えて〈私〉の存在の場合と同じ論拠を繰り返しているだけで、勝利の力はじつは自由意志にではなく〈　〉にあることになる。）

二つの受肉知をまとめて言えば、「この世界には、現在のところ、なぜか一つだけ、内側から動かせる物体が存在している！」となるだろう。この「物体」とはもちろん身体のことであるが、逆に、これを比喩的な意味での身体ととって、そこから物体性を除去したとしても同じことは成り立つ。この比喩的な意味においては、言語もまた身体としての特徴をあわせもつので、ここではもっぱらこの観点からだけにならざるをえないが、言語のあり方についても少しだけ触れておこう。

実際にはわれわれは物体的身体の一部（である口）を動かすことによってしか言葉を発することができないので問題を取り出しにくいのだが、かりにそうではなくテレパシーのようなもので意思伝達ができたとしても（さらには物体的身体そのものがもともと存在しなかったとしても）この比喩的な意味での身体性は除去することができない。この構造は、意思疎通する複数の存在者が存在するかぎり、それが物体的身体をもとうがもつまいが、不可欠だからである。

身体と同様に言葉にも内側と外側がある。ここで内側とは発話主体の持つ「こういう意味で言った」という主観的（意図的）意味で、外側とは「一般的にこのように理解される」という客観的（制度的）意味である。ここまではそれ自体が（主観的・意図的な意味の存在を含めて）客観的な一般論にすぎない。しかし、やはり身体の場合と同様に、これにもまた現実性の問題が付け加わらざるをえない。発話主体の持つ主観的（意図的）意味とされるもののうちに、なんと現実的に主観的（意図的）な意味が一つだけ存在している！という事実があるからだ。その圧倒的な現実性によって最初ののっぺりした〈主観–客観〉的対立図式はいびつに変形せざるをえないことになる。* もちろん、この構造は逆方向から捉えることもできる。すなわち、なんと現実的に主観的（意図的）な意味であるものが一つだけ存在している！という場所から出発して、そうでない言葉たちにもそれぞれ（現実的ではない）主観的な意味があるという作業をおこなうという方向である。

＊　この論脈においてはそこを詳述することはできないが、他の身体性の場合とは異なり、言語においてはこのことそれ自体は言語外の事実にすぎない。心や意識や主体の場合には、唯一の現実的事例の存在そのものが——すでに概念化された水準においてではあっても——その本質の形成に累進的に関与（寄与）せざるをえないという側面があるのだが、言語そのものにはそれがないのだ。その外在性のゆえに、言語はそのような構造それ自体も一つの事実として外から語ることができ、それによって事態は概念化された水準で反復可能な事実となるわけである。

どちらの方向から捉えるにせよより重要なことは、それらとは逆の、いわば言語的受肉の驚《タウマゼイン》きもある、ということにある。すなわち、私が言うことも客観的な意味を持っている！という驚きである。これは要するに、私もまた私でない人たちが言うのと同じ（意味の）ことが言える！（逆にいえば、同じことしか言えない！）という驚き＊であり、これは私もまたただの普通の人たちと同じ身体を持っている！という驚きに対応している。この意味で「言える」ことによって（も）、〈私〉は客観的世界に受肉する。唯一現実に存在する見えからある一つの身体に付いた物的な眼への移行とは異なり、唯一現実に存在する発話意志からある一つの身体に付いた物的な口への移行においては、現実存在する自由意志が（逆向きには至りつけない仕方で）介入せざるをえない。ただそういう意味において、自由意志の存在は不可欠であるわけだ。

＊　言うのが〈私〉であることはその意味にはいかなる寄与も（関与も）できないということであり、そ

のことの自覚こそが存在論的な自己意識の根源になるであろう。

前章の「受肉の果たす役割」の最後のところで、頭が痛いので「私は頭が痛い」と言うと他人の口から「私は頭が痛い」という言葉が発せられる等々、というケースを提示した。このケースにおいて、私自身には彼の口を動かしているという実感があっても、もうひとり別の人もやはり彼の口を動かして同じ発話をしたという実感があったなら、私の受肉は成功しない。その発言がだれの発言なのか（もっと広げれば、その人がだれであるのか）公認が得られないからだ。これはあくまでもヨコ問題であるから、他に対立候補がいなければ私（である人）が動かしていることは公認されるのだ。その意味で——ただその意味においてのみ——私の身体には私の自由意志による支配が不可欠なのである。タテ問題を立てたとき、それとは別の原因があっても、*そのことはこの問題とは関係しない。

＊ 繰り返し言ってきたことをもう一度ここで繰り返すなら、たとえそれが自然的原因ではなく神の意志のごときものであったとしてもそうである、という点こそがこの問題の肝である。

ここでもまた重要な点は、この構造を主観と客観の平板な（のっぺりした）対立関係において生じる問題にいきなり読み換えてしまわないことである。そうはなりえないような矛盾がそこに内在していて、二つの異質な世界が（あくまでも一方向的に）結合されていることを見て取る必要があるのだ。読み換えは不可欠だが、累進構造の介入として別立てで理解されねばならない。

針と身体

身体という比喩は、ごく普通には、内側（心的）と外側（物的）の両側から捉えられるものとして理解されるだろう。しかしここでは、現実にはそんなふうになってはいないという側面のほうが本質的な構成要素となっている。現実には、内側から捉えられる事例は一つしかない（そして一つはある）。この構造それ自体に普遍性がある（すなわち、どんな場合でもそうなっている）ともいえるし、逆に、普遍性はない（どころか、極めて異様なことが今だけなぜか起こっている！）ともいえる。その二面性こそが本書の主題そのものである。だから、繰り返して言うが、この二面性の後者を——前者とまったく別のこととして——実感できない人はこれを読んでも仕方がない。ともあれ、身体という比喩の真の意味はこの構造にある。

出来事や日や年にも身体性があることはすでに論じたが、この意味に理解するかぎり、より先鋭な類比が成り立つのは時計の針とのそれである。まず、針には一般に現在を指すことと特定の時点を指すこととの二面性がある。これが内側と外側の両方から捉えられることに対応する。内側が現在で外側が特定の時点である。しかし、ここまではやはり一般論にすぎない。どの時点においてもそうであるといえるからだ。しかし、ここでもやはりまた現実性の問題が付け加わることになる。一般論ではすまない現実の現在が一つだけあり、あえて時間通覧的な視点に立たないかぎり、一つしかない（またはありえない）からだ。その現実性によって、最初に提示した針ののっぺりした二面性はいびつに変形せざるをえない。現実に現在である針の位置だけが現実に二面性をもち、他の針の位置は現実には二面性がない（ただ特定の時点だけを指す）という別の差異が入り込むからだ。

この類比を表現するために、かつて私は、時計を捩って「人計《ひとけい》」という言葉を作った。* われわれはみな人計であって、この針は自分を指すことと特定の人を指すことの二面性を兼ね備えている。しかし、ここまではやはり一般論である。ここでもやはり一般論ではすまない現実の私が一人だけ存在しており、あえて鳥瞰的な視点に立たないかぎり、一人しか存在し（え）ない。** 私とは特定の時点だけでなく現に現在を指す（すなわち今見えている）針であり、他者とは特定の時点だけを指す（すなわち今見えていない）針である、という新しい対比が導入されることになる。これによって、最初に提示した人間たちのもつ二面性という平板な絵はいびつに変形するだろう。現実に私である人だけが現実にその二面性をもち他の人々は現実には二面性がない（ただ特定の人でだけある）という別の種類の対比がそこに介入するからだ。とはいえもちろん、この重大な差異にもかかわらず、時計の場合と同様に人計の場合にもまた、私と他者とで本質的な違いはないという（本質主義的な）捉え方もまた保持されねばならない。世界はそのような異なる二種の絵の重ね描きによっていびつに成り立っているからだ。

＊　『存在と時間――哲学探究1』の二九六–七頁の注。その注における、この比喩を使った存在論的問題と認識論的問題との区別の主張は、非常に重要で表現の仕方も洒落ていると思うのだが、残念ながらこういう比喩的な説明をさっぱり理解しない人が世の中には多いようであった（理解した人に出会ったことがない！）。

＊＊　「存在しない」と「存在しえない」の対立も決して忘れないようにお願いしたい。

そういう本質主義的な捉え方もまた可能でなければならないことは世界の現状を認めるかぎりは認めざるをえないことだとしても、そもそもなぜそんなことが可能なのだろうか、という問いを持つ人がいるかもしれない。哲学の問いは持ち方も持つ方向も人によってバラバラなので、この問いは持たずに同じ問いを逆向きにだけ持つ人がいるかもしれない。それは、一般論ではすまない現実の現在や現実の私などというものがなぜそもそも存在する（またはしうる）のか、という問いである。この問いのほうがより先鋭で本質的な問いだと私は思うが、ここまでの議論からそちらにアプローチすることはできないので、ここではここまでの議論を使って前者の問題に少しだけアプローチしてみよう。中心性ではなく現実性を出発点とするとはいえ、この方向設定は形のうえでは伝統的な他我問題のそれと重なるものとなる。

例外的なあり方をしているその唯一の位置は、現にそれしか見えないという現実性が与えるのではあるが、現にそれしか見えない（他の位置にある針は見えない）のはなぜか、と問われれば、現在だから、としか答えようがないだろう。なぜそこが現在なのか、とさらに問われても、「なぜか」としか答えられない。しかし、ともあれ、なぜかそこはまた特定の時点でもあって、それがすなわち受肉であった。現在であることと特定の時点であることのこの一致は、身体における私であることと特定の人であることの一致と同様、異なる二つの世界の架橋である。これを、さる有名な哲学用語を借りて「絶対矛盾的自己同一」と表現してもよい。ともあれもちろん、そのことを各時点に「それしか見えなさ」がある、という形で一般化することもできる。身体にかんして、私であることと特定の人であることの二面の一致を各身体に割り振ることができるのと同じことである。最初に与えた針の二面性という描像は、すでにその操作が終わった段階で捉えられた描像であろう。しかし、その操作はそもそもいかにして可能なのか、それがここでの課題であった。

こう答えることができるだろう。各時点にそれぞれ「それしか見えなさ」があるという形で一般化しないかぎり、その各時点は特定の時点にさえなりえないのだ、と。ならなくたってよいではないか、と言われるかもしれないが、これには二つの答え方がありうるだろう。一つは、もうなってしまっており、こういう問いへの答えはそれを前提にしてなされてよいのだ、というものである。もう一つは、もしならなければわれわれの知っている時間は壊滅する、というものである。この二つの答えは同じことを言っているように思えるかもしれないが、じつは違うことを言っている。これから私が言いたいことは、前者は時計だけでなく人計（人間身体）についてもいえるが、後者は人計についてはいえない、ということである。すなわち、時間は矛盾なしには存在しえないが、人間は矛盾なしに生きることも可能ではあるということである。

東洋の専制君主

ウィトゲンシュタインは、『哲学的考察』第五八節においてある言語を想定している。自分が痛いときは「痛みが存在する」と言い、他人が痛いときには「痛みが存在するときと同じように振舞っている」と言う、そういう言語である。「……と同じように振舞う」という行動主義的要素は、ここでの議論にとっては余計ではあるが、一応それも受け入れておこう。（拙著『ウィトゲンシュタインの誤診』の第二〇章で提示したように、もっと単純に、自分の痛みは「実痛み」と、他人の痛みは「虚痛み」と呼ぶ言語、でも同じことである。ただし、そこで提示した分類によれば、自分の痛みは「自痛み」と、他人の痛みは「他痛み」と呼ぶ言語、ではもちろん駄目である。）すべての成員がこのような言語を使う共同体を想定することができ、それは矛盾なく成立可能だろう。

ところでウィトゲンシュタインは、「この言語が任意のいずれの人をも中心としてとりうること」は明らかだと確認したあと、議論を次のように続けている。「ところで、種々の人間を中心としてとり、かつ私が理解するすべての言語の中で、私を中心とする言語は特別な位置を占めている。私はこのことをいかに表現できるであろうか。」議論のこのステップはきわめて重要である。

る。ここで二段階のステップが踏まれていることこそが問題の核心だからだ（先に触れた「実痛み–虚痛み」と「自痛み–他痛み」の違いもここに関係する）。これに続くこの節の議論も、とりわけ「独我論は語りえない」ということの意味や本来あるべき「私的言語」の意味を理解するためには、きわめて重要なものではあるが、ここではその議論は追わずに、彼がことのついでのように触れている「東洋の専制君主」の可能性についてさらに深く考えてみたい。

まず、第二のステップに登場する「私」を、なぜか与えられた世界においてその目からだけ世界が見えている……唯一の生き物であり、現実に世界がそこから開かれている唯一の原点であると解釈し、〈私〉と表記しよう。この〈私〉はきわめて素直な人間で、この与えられた事実どおりに、この目からだけ現実に見えているし、この体だけ現実に感覚を感じる、等々と信じている。だれでも自分の置かれている現実を反省してみればすぐにわかるように、たとえそうであったとしても、通常は、自分だけ前段落で紹介したような言語を使う、などということは許されない。もしそのような言葉遣いを認めるなら、他人たちも同じ権利でその言葉遣いをしてよいことになる（すなわち「実痛み–虚痛み」の対比は「自痛み–他痛み」の対比に転化してしまう）からである。

しかし、この場合、〈私〉は専制君主であって、それゆえにまわりの臣下たちも彼のその世界像を反対側からそのまま受け入れ、専制君主の言葉遣いに合わせてくれている、と想定しよう。彼が痛がると「本当の痛みがあるのですね」と言い、自分たちが痛いときには「本当の痛みがあるのと同じ振る舞いをしております」と言うわけだ。専制君主である〈私〉は、彼らがそう言ってくれているのか、本当にそうであるのか、知ることはできない。いや、そうではなく、生まれた時からずっとそうなのであれば（それ以外の言語適用の仕方を経験したことがないのであれば）、「本当に」そうであると信じるほかはないとも言えよう。

さてしかし、専制君主であるその〈私〉はなぜかたまたま、各種の懐疑論の可能性を考えることに強い喜びを感じるタイプの哲学者でもあったとしよう。そうであっても、臣下たちがわざと自分を立ててそう言ってくれているのだ、などと思いつくこと自体が不可能かもしれない。あるいは逆に、言葉のやり取りをしているという事実だけから、それは簡単に思いつく可能性なのかもしれない（さらに、そう思わざるをえないのかもしれない）。これは今のところ謎である。

最初の状況設定は、臣下たちが専制君主の言葉遣いに合わせてくれているという想定であったが、そうではなく事実そうである（彼らは実際に意識がない）と想定してもよい。その場合には、臣下たちは自分を立ててそう言ってくれているのだ、などと思ったなら（さらにそう思わざるをえないのなら）、君主は偽なる信念を持つことになる。そういう状況設定であっても、ここで私が提起したい問いにとっては同じことである。

ここで提起したい問いは、通常の他我問題の場合の懐疑論（他人たちには本当は意識がないのではないか）とこの専制君主の逆懐疑論（他人たちには本当は意識があるのではないか）とではどちらがより困難な懐疑論であろうか、という問いである。ただし、これはあくまでも現実性の累進可能性についての問いなので、「意識がある」というのは便宜的な語り方であって、彼らもじつはみなそれぞれ（彼らにとっては）〈私〉なのではないか、というのが精確な語り方である。* その意味するところはそれぞれの人は第一基準によって自己を識別している（彼らにとってはそれぞれ現実に）、そこから世界が開けている唯一の原点である、という意味である。

＊　したがって精確には、臣下たちはたんに「私は本当の心がある人と同じ振る舞いをします」などと言うのではなく、それ以前にむしろ「私の使う「私」という語はこの口が付いている身体を指しているだけです」と言うべきだろう。さらに説明するなら「したがって、この「私」は、「私は身体と記憶をなくして輪廻転生する」とか「私がもし彼だったら……」というような意味に使うことはできません」というようなことを言うべきなのである。また、この事態は言語を使ってあえて説明することによってしか指すことができない事態である、ということも忘れてはならない。

この世界においてわれわれは他者をそのように捉えている。これは大変に不思議なことだといえる（〈私〉が存在していることの次にだが）。というのは、〈私〉の存在とは、まさにそこから世界が開けている唯一の原点が（今はなぜか）現実に存在している！　という端的な事実を意味しており、それはまた、実在的には同類であるはずの（すなわち聞こえたり痛かったり悲しかったり欲していたり……するはずの）多くの普通の人間たちとは違って、という意味をすでに含んでいるはずだからだ。もしそのそういう普通の人間たちもそれぞれ（それぞれにとっては）そこから世界が開けている唯一の原点であるのだとしたら、私自身もまた私にとっては〈私〉であるだけのことになってしまうだろう。[*]　そうであるなら、それは私が生まれる前や死んだ後の世界でも成り立つのと同じことが成り立っているだけであることになってしまう。にもかかわらず、われわれはみな、だからもちろん私も、そうような矛盾を含んだ世界像を構成し、それを信じて生きている。そうすると、ここでいえることはむしろ、この専制君主こそがわれわれの宿痾であるこの矛盾から脱しうるのかもしれない、ということになる。

＊　ちなみに、同じことを〈現在〉についていえば、それがマクタガートの「矛盾」である。

この道筋で考えた場合、専制君主の世界観はまったく自然なもので、世界になぜか〈私〉が存在してしまっているにもかかわらず、本質的に同じことを他者たちにも割り振って、あえて高次ののっぺりした世界像を構築するなどというのは非常に高度な構成能力を必要とする、といえることになる。すなわち、この専制君主の逆懐疑論のほうが――それはわれわれにお馴染みのごく普通の世界像を作り出すだけであるにもかかわらず――より困難な懐疑論なのである。なぜなら、その懐疑によって構築されることになる世界像には矛盾が内在しているからだ。現状の与えられた解釈に対する懐疑として矛盾した解釈を打ち出すなどということは、およそ哲学的懐疑論の何たるかを知らない人のすることではないか。それに比べるなら、通常の懐疑論は、〈私〉が存在する世界においては、むしろ合理性のある懐疑論であるといえるだろう。なぜなら、それは矛盾の解消だからである。（ここで以前に論じた「唯物論的独我論」の合理性を想起していただけるとありがたい。）

この専制君主の逆懐疑論よりももっとラディカルな状況設定がありうる。なぜか知らないが、高度な知性をもった人間が、ともあれ最初から単独で存在している、という場合である。彼は、経験も豊富で、自然を統御する技術に長けており、お望みならば数学や物理学、脳科学や心理学についても、高度な知識を持っていると想定してもよい。しかしもちろん、他者の存在だけは経験したことがない。さて彼は、他者というものが存在する可能性を考え出すことができるであろうか。ただ想像できるだけでよいのだ。本当は存在するのではないか、などと疑う必要はない。一見すると、これはきわめて簡単そうに見えるが、じつはきわめて困難な課題なのではなかろうか。私と同じあり方をした他人などという、まるで丸い四角のようなものを、どう想像したらよいのか。そもそも想定の意味そのものがわかりようがないのではあるまいか。

直前の段落での問題提起は、ここでの論旨からすれば不可欠なものではなく、逸れた横道にすぎないのだが、それ自体としては非常に重要である。ウィトゲンシュタイン的な独我論問題*は、私の見るところ、もっぱらここにかかわっている。のだが、ここにある特殊な困難の意味を理解する人はなぜか少ない。多くの人がこの問いに答えるつもりで別の問いに答えてしまっている。この問題は、もう現実に存在してしまっているものの意味のわかりようのなさへの問いなのである。これと同型の問題は、私の知るかぎり、マクタガートの提起した時間の矛盾の問題以外には存在しない。

＊　永井的ではないので、念のため。ウィトゲンシュタイン的な問題提起は、私の用語でいえば中心性ではなく現実性の問題なのではあるが、方向は伝統的な他我問題と同じ方向を向いているからだ。私の元来の（ここでのではなく）問いはそれらとは逆向きである。

今回もすでに予定字数を大幅に超えてしまっているのだが、ほんの少しでも触れておかなければ収まりがつかない論点がまだ残されている。それは、先にちょっと触れておいた、人間は懐疑を放棄した場合の専制君主のように矛盾なく生きることも可能だが、時間は矛盾なしには存在しえない、という論点である。

臣下たちは「私の使う「私」はこの口の付いている身体を指しているだけで自己意識があるわけではない」と（言葉で）言うことができた。それはつまり、自分には「そこだけがなぜか現実に世界がそこから開けている唯一の原点で、同類とされる他のものはなぜか現実にはそうではない」という事態が成立してはいない、という意味である。、彼らの言葉は、それを否定するという形において、ここで否定されているその事態に言及してはいる。すなわち、彼らはその可能性を知っている。これは言語的表象のもつ力であり、これを侮ることはできない。

他者でなく他時点が、すなわち（未来はもともと無理だから）過去が、「この「今」は特定の時点を指しているだけで、そこに現在意識があったわけではない」と言うことが可能であろうか。それはつまり、「そこだけがなぜか現実に世界がそこから開けている唯一の時点で、同類とされる他の時点はなぜか現実にはそうではない」という事態はもともと成立していないと言う、ということである。

たとえばまず、自分の記憶がそう言うことはありえないだろう。過去の記憶的な現われは（物的な身体と口を具備した他者たちとは違って）その現われとは独立に言葉でその本質を説明するということができないからだ。それなら文書はどうか。それも同じだろう。過去の文書に「今は戦争中だが、この「今」は特定の時点を（その時点において）指しているだけであって、そこを唯一の原点とするような〈今〉が成立しているわけではない」と書いてあっても、それを信じることができない。疑り深いから信じられないのではなく、それを信じることが何を信じることなのかがわからないからである。唯一の可能性は、その文書の書き手がこの想定における臣下たちのような人間であると信じることであろう。それは可能だ。しかし、他時点がそれぞれ（未来を含めて）「そこだけがなぜか現実に世界がそこから開けている唯一の時点で、同類とされる他の時点はなぜか現実にはそうではない」というありかたをすることは、われわれが理解するかぎりでの時間の構成要件そのものとなっているのである。書き手がこの臣下のような人であっても、あるいはたんなる機械であっても、そのことに変わりはない。これはマクタガートの矛盾を構成する一方の事実なのだが、時間の成立にはこの矛盾の介在が不可欠なのである。

この論点については、さらに詳細に論じる必要があるだろうが、ここではもはやこれだけにしておいて、最後に一点、このことから考えられる重要な事実を指摘しておこう。それは、かの専制君主もまた、時間についてはそのように把握しているはずであるから、そうであれば、その時間理解と同様な仕方で他者構成（すなわち逆懐疑論の実行）をおこなうことが可能である、ということである。この点は、最初から単独で存在している人物についても同じことがいえる。彼もまた、自分の時間理解の仕方と同様な仕方で、他者という矛盾した存在者が存在する可能性を思いつくことができる、ということである。実際の経路はこの逆だったかもしれないが、現にわれわれはともあれそのような矛盾を含む世界像を打ち立て、その中で生きているのである。

第11章

他者の問題

われわれのこの世界のあり方

本章では他者という問題を考察し、独在性（唯一の現実的な中心性）という問題と私秘性という問題との差異と関係について考えたいと思うが、本章もまずはやはり前章の最後の議論に対する補足から始めなければならない。一つは、専制君主の逆懐疑の可能性という問題から窺われるこの世界のあり方についてのちょっとしたコメントであり、もう一つは東洋の専制君主の時間版の想定の難しさからも窺われる平板な（のっぺりした）世界の構成における言語の役割について、で、これは長引くかも知れない。

前章の議論では、他者の問題にかんするかぎり、通常の懐疑論は矛盾を解消しようとするのだから素直な考え方であって、問題なく可能だが、専制君主の行なおうとする逆懐疑論は実在しない矛盾をわざわざ作り出そうとするのだからひねくれた考え方であって、それだけ切り離して捉えれば不可能であるとさえいえる、ということになった。しかし、そうだとすると、われわれ自身はそのひねくれたほうの考え方を自然に身につけてしまっているのはどういうわけか、という疑問が生じてもおかしくない。実際、これは問題であって、しかも容易には解きがたい難問だと私は思っている。とはいえ、問題と称するものが与えられるとすぐに解こうとしてしまう人が多いが、この問題は解こうとする以前に、それが問題であるという捉え方をよく理解するほうがはるかに重要である。

この問題の答えがどうであれ、そのひねくれたほうの考え方を受け入れることがすべての出発点であり、受け入れないかぎりわれわれがおこなう何ごとも始まりえないということはわきまえておく必要がある。「ものごとの理解の基本形式」がそのことによって初めてすべてに適用可能になるからだ。たとえば、この問題の「答え」として、自分自身の存在をも「ものごとの理解の基本形式」に嵌め込もうとする言語《ロゴス》の力に屈服せざるをえないからだ、などという説明をするにしても、その説明自体がすでに、そのひねくれたほうの考え方を受け入れた後でしか意味を持ちえないだろう。そこに一種の「屈服」が介在することが理解できるにしても、その理解のプロセスについてさえやはりそれはいえる。

たしかに、すべての始まりを可能にするのは、たんに可能的ではない現実性（唯一の現実的な中心性）というあり方を、それ自体として概念化することによって可能性の内部で本質においてそのままのかたちで再現・反復*するということであり、この操作こそが人称・時制・様相のカテゴリーの始まりである、といえる。われわれが「私」と言うとき、すでにしてこの再現・反復を経由していざるをえない。だからそこでは、「私」にも「現在」にも、つねに「〜にとって」つきのそれと「〜にとって」なしのそれとの二重性がどこまでも**つきまとい、まさにこの問題を立てるときにさえ、そこから逃れるすべはないわけである。

* 「可能性の内部でそのままのかたちで再現・反復する」とは、「たんに可能的ではない現実性（唯一の現実的な中心性）」ということをそのまま概念化して、（じつは少しも現実的ではない）たんに可能的であるにすぎない「たんに可能的ではない現実性」を概念的に構成する、ということである。他人もその人にとっては「私」であり、過去や未来もその時点にとっては「現在」であり、諸可能世界もその世界にとっては「現実世界」であることになる。

** 「どこまでも」とは、そのようにしてたんに可能的に構成された諸々の「たんに可能的ではない現実性」からも、今度はそこを端的な現実性とする同じ操作が反復的に適用され、それはどこまでも終わることがないからである。

この論脈においてはまだ言う必要のないことだが、永遠に言う機会が来ないかもしれないのでここで言っておくなら、この「屈服」の後ではじめて、概念化されているはずの他人の存在の現実性をありありと感じることが可能に（場合によっては感じざるをえないように）なる。他人の自由意志も、だ。現実性が向こう側に移ると、こちらがあちらから逆包摂されたあり方も直接的に表象できるようになるだろう。そこから先が、累進する矛盾を内包したこの世界における人間関係の問題であって、* そのような問題についてもいずれは論じたいと思ってはいるが、他にもいずれは論じたい問題は山積しており、しかもますます増加する傾向にあるので、たぶんほとんど論じられずに終わるであろう。** とはいえ、この構想力は現実の〈世界の原点〉とは別の《世界の原点》を創設する操作なのだから、普通の想像（ピンク色の象を思い描くこと等々）とは本質的に違う種類の仕事であるという点は知っておく必要があるだろう。時間における予期や想起も構造上はこれと同じ特徴を共有しているのだが、この仕組みこそが人間的言語《ロゴス》であろう。

* 対応する他者に応じて自我の分裂も起こりうるが、自我がいかに分裂しても「しかなさ」による統一(Einheit ＝ 一つであること）だけは残る。

** 本書が、ではなく、私の人生が、である。

のっぺりした（平板な）世界の構成における時間と言語

第二の補足に移ろう。なお、この箇所の議論は私にとっては重要で哲学的にも重要で興味深いと思うのだが、全体の議論の筋からは少し逸れており、また難解だと言う人もいるので、そう感じる人は飛ばして次の「他者とは何か」から読まれても、全体の理解に支障はない。

他人にはじつは心がないのではないか、という他我に対する懐疑論の時間版は、過去や未来はじつは存在しないのではないか、という懐疑論だと考えられるかもしれない。* しかし、文字通り「他我（＝他者の私）」に対応するのは、過去や未来そのものというよりは、「過去や未来における現在」であろう。ということはつまり、過去や未来にそれが欠けているとは、過去や未来がじつは存在しないということではなく、通常理解されるような意味での過去や未来が、すなわちその過去や未来における現在が、その時点においては成立していない、という意味でなければならない。だから、他者の物体的身体に対応するような、B系列的な過去（現在である時点よりも以前の時点）や未来（現在である時点よりも以後の時点）は、存在してよいのだ。** それもまた存在しないのではないかという懐疑は、他者の物体的身体もまたじつは幻覚や映像かもしれないではないか、と疑うような、他我の存在に対するというよりは（他人の物的身体を含めた）外界の物質の実在に対する懐疑論に対応することになるだろう。過去や未来に対する懐疑論にかんしてこの二種の懐疑論が区別されるべきであることは、外界の懐疑と他我の懐疑が当然区別されるべきであるのと同様に、重要であると思う。***

＊　B・ラッセルのいわゆる「五分前世界創造説」などがその一例と解釈できる。

＊＊　「現在である時点よりも以前（以後）の時点」という形でそこに「現在」が含まれているのに、な

ぜB系列的であるといえるのかといえば、その時点のほうはもはや現在にはならないからである。そこから始まる新たなA系列が想定できないので、そこには「矛盾」がない。

＊＊＊　外界の実在を懐疑する人は、外界の内部にいる他人たちの実在ももちろん懐疑するだろう。さてその場合、その他人たちのさらに内部にあると考えられている「他人の心」はどうなるのだろうか。当然さらに強い懐疑の対象とされそうなものだが、驚くべきことにむしろ懐疑されないのだ。この懐疑は、どういうわけか、懐疑しているこの心と懐疑対象の一つである他人たちがその内部に持つと想定される心とを早々に同一視してしまい、心 vs. 物、精神 vs. 物質といった対立図式を作りあげてしまうのである。同じことが過去や未来の存在に対する懐疑論についてもいえる。このような形の懐疑論は「ものごとの理解の基本形式」にきれいに収まっている。

したがって、東洋の専制君主の話の時間バージョンは、臣下たちが「私の使う「私」という語はこの口が付いている身体を指しているだけです」と言うことに対応して、「ここで使われている「現在」あるいは「今」という語は、たんにその発語と同時であることを語っているだけです」と言われねばならないことになるだろう。すなわち、そこには唯一の現実的な中心性（これいしかなさ）の成立という含意がない、というわけである。[*] ところがしかし、われわれはこの言明の意味するところを理解することができない。たとえば、二〇〇三年三月六日四時五十一分の時点でたんに機械的に「現在は二〇〇三年三月六日四時五十一分です」という文字列が印字されたとして、それがその時点において書かれたということを、その時点との同時性だけで理解することはわれわれにはできない。同時性だけでよいなら、（その時点から見て）過去においても未来においてもいくらでも成立しうるからである。それがその時点において書かれたとは、つまり、その時点が現在であったという意味であり、それはすなわち、その時点に唯一現実的な中心性（その時しかなさ）が成立していたという意味である。そういう意味にしか理解できないのである。専制君主が臣下の言い分を理解できるようには、そこにおいては「現在」がなかったと理解することができないのだ。**

＊　「したがって、この「現在」は、「現在がもし十年前だったら……」というように使うことはできません」というようなこともまた言われてよいだろう。少なくともわれわれがこの言い方で通常理解するような内容を、それは意味することができない、ということである。

＊＊　そう理解することがわれわれにはできなくても、実在論的に考えるなら、実際にはそうであったということもありうる、と思う人がいるかもしれない。しかし、そうではない。「そこにおける現在というものが存在しない時点」の意味がわれわれにわからないのであれば、実際にはそこにおける現在がないということが何を言っているのかがそもそもわからないのであるから、実際にはそうであることなどはできない。「そう」の内容が指定されていないからだ。これに対して、「その人にとっての「私」というものが存在しない人間型身体」の意味はわれわれにわかる。だから、実際にそうである場合も考えられる。「そう」の内容が指定されているからである。

機械的な印字という例からもわかるように、この唯一現実的な中心性（その時しかなさ）の成立にはその時点における生き物の存在などは前提されていない。意識をもつ生き物などいなくても、世界はそのつどつねになぜか現実的に中心化され、「なぜかこの時だけしか存在しない」という状態になり続ける、と考えられているわけだ。考えられているというのは、それがわれわれが理解する時間という現象の本質そのものである、ということである。

ちょっと話は逸れるが、そもそも現在（今）というものの成立には意識をもつ生き物の存在が必要だという考え方は、生き物のもつ意識にありえないほどの神秘的な力を与えてしまうことになると思うので、その点にも触れておこう。

空間においては、ある身体に付いた目からしか世界の光景は見えず、その耳から聞こえる音しか聞こえず、その身体が触れうる範囲のものしか触知できない。そういう生物的限界の存在から「ここ」が生じていることは明らかだ。もし知覚能力の限界ゆえに世界を限定せざるをえない生き物が存在しなければ、「ここ」などという現象は生じないだろうし、また逆に、そういう生き物が存在してさえいれば、それは生じざるをえないであろう。しかし、時間においてはそうではない。かりにもし知覚能力の限界ゆえに世界を限定せざるをえない生き物が存在しなければ「現在」などという現象は生じえないとしても、そういう生き物が存在しさえすればそのことが「現在」を生じさせるとは考えられない。意識をもつ生き物は生きている期間ずっと意識があるのだから、その期間のうちのいつが現在であるかを意識の存在が決定することなどはできない。

空間の場合、「ここ」になるその場所は、まずは「ここ」性とは無関係にそれ自体で存在し、そこにたまたま生き物が来ることがそこを「ここ」にする。しかし時間の場合、「現在」になるその場所は、まずは「現在」性とは無関係にそれ自体で存在し、そこにたまたま生き物が来ることがそこを「現在」にするわけではない。「現在」は「ここ」とは違って、生き物にとっても、向こう側からいきなり与えられる。それは手も足も出ない客観性のうちに予め組み込まれていて、生き物がそれを作り出すことなどはできない。空間には「ここ」など少しも組み込まれておらず、それでも立派に空間だが、時間にはそれ自体に「現在」が組み込まれており、もしそうでなければそれは時間にならない。これが時間におけるA系列のB系列に対するプライオリティの意味である。時間においては、B系列といえどもA系列の相対化によって後から作り出されるほかはないのだ。

空間においてはもちろんそんなことはないのだが、人称（person）においては、少なくとも〈私〉が存在している期間にかんしては、現実には時間と同じことになってしまう。少なくともそういう側面がある。つまり、手も足も出なさの点で、「現在」は「ここ」にではなくむしろ「私」に似ている。〈現在〉と〈私〉は、なぜか知らないが、ともあれまず与えられているのだ。〈ここ〉も与えられているともいえるが、それは〈私〉が存在する場所という意味においてにすぎない。

逸れた話を戻そう。要するに、時間には「その時点における現在」を可能とする重層的な構造が組み込まれており、たとえ専制君主であっても、時間にかんしては、そういう重層構造を含まない時間理解を独自にもつことはできない。その時点における現在（ヘーゲル風の用語で表現するなら「媒介された現実性」）というものを構想し、端的な（すなわち媒介されていない＝直接的な）現在もまたその一例であるとみなすという相対化の仕組みが、すでにしてそこに組み込まれているわけである。おそらく人間以外の多くの動物は意識的には絶対的現在に生きており、その相対化は知らぬ間になされているだけであろう。しかし人間は、相対化がなされたあり方そのものを対象化して捉え、それこそを実在と見なしている。第９章で言及した「動く現在」や「現在という場」がまさにそれである。それが人間的記憶の基盤をなしており、時間という矛盾を内含した構造把握そのものを作り出している。もしそれを受け入れないならば、「今だけ」が知らぬ間に連接していくあり方に「動物化」せざるをえない。そうなれば時間の経過を「ものごとの理解の基本形式」に収めて捉えることができなくなるだろう。

しかし、過去や未来とは違って、他人にかんしてはそうではない。東洋の専制君主にとっての臣下たちのようなものが実在しうると考えられるのは、《私》（その人にとっての〈私〉）であることなしに実在しうる物的身体が、その口から有意味な言葉を発することができる、と考えられるからである。ここまでの議論において、「《現在》（その時における〈現在〉）であることなしに実在しうる過去や未来」が不可能であることとの対比において、この前半の「《私》（その人にとっての〈私〉）であることなしに実在しうる物的身体」が可能であるというところまでは一応の理解が得られたとしよう。そうだとしてもまだ、後半の「その口から有意味な言葉を発することができる」の問題が残されている。彼らは、本当にその口から「私の使う「私」は、この口が付いている物的身体を指しているだけです」といった言葉を発することができるのであろうか。

もちろん、口からそういう音を発することはできるだろう。とはいえ、彼らはそう言っているわけではあるまい。口からそういう音が出るだけで、彼ら自身がそれを意味している（mean）わけではないだろう（もし意味しているとしたら、それは「うそつきパラドクス」に類する事態となるだろう）。ということはつまり、彼らの発する文が真だとして、それを言わせている別のだれかが存在している（と想定せざるをえない）ことになる。それがだれであるかはわからなくとも、専制君主がその文の意味を理解するとき、彼自身も暗にそう想定せざるをえないはずである。そうでなく、この文がたんに真である場合も想定できるであろうか。その文の意味（meaning）を理解している者が（自分以外には）だれもいないにもかかわらず、それが真なる事態を語ってはいるという場合を、である。もしそれが背理だとすれば、それはつまり、じつは他者の存在を暗に前提してしまっているということになるだろう。*

＊　その他者は、その世界の内部に存在している臣下たちではないので、世界を超越した存在者だと想定することもでき、その場合、それは一種の「神」であることになる。人称的世界においては、「神」的超越者を想定することは容易である。対して、時間的世界においては、このような非受肉的他者の存在

を想定することは困難である。これが「他の〈私〉」と「他の〈今〉」の重要な違いの一つである。

発言内容の分析からも、別のルートで同じことがいえるであろう。臣下たちが「私の使う「私」は、この口の付いている身体を指しているだけで、私に自己意識があるわけではありません」と言うとき、それはつまり「私だけがなぜか現実に世界が開けている唯一の原点で、同類とされる他の人間たちはなぜか現実にはそうではない」という事態は成立していないということを言っていた。そう理解されていた。彼らの言葉は、否定的にではあるが、その事態に言及していた。さてしかし、なぜ専制君主はその発言が何を否定しているのかを理解できるのだろうか。そう問われるなら、それは言語を理解している(と想定されている)からだ、としか答えようがない。言語を理解していてもそのことは理解できない、というケースもありうるかもしれないが、前段落の議論はそれに否定的であった。

もしそうであるならば、すなわち否定的にではあれその可能性の意味を理解してしまっているのであれば、前章の議論に反して、専制君主の逆懐疑論は可能で、しかもあまりにも容易であることになるだろう。臣下たちの言うことを理解できるということが、それが嘘である可能性をすでに知っていることを意味しているからだ。

それでは、その次に想定されていた最初からの単独存在者はどうだろうか。彼は他者(の存在)という可能性そのものを初めて考え出すと想定されていた。彼は、言語(もちろん私的言語である）を持っているではあろうが、（専制君主の臣下たちのような存在者を含めて）およそだれからも語りかけられたことはなく、そもそも語りかけられるということを知らない。彼は「あちらから私に語りかけてくる（あちらにおいては）私と同じあり方をした他者」などという摩訶不思議な矛盾的存在者をはたして考え出せるものであろうか。

前章の議論では、時間的他者（過去や未来における現在）の存在を知っているなら、それと同様な方法によって、人間的他者（その人における「私」）という矛盾した存在者の存在可能性も想定可能である、ということになった。これはまた、私的言語を持っているなら公的言語の可能性も想定できるということだ、ともいえる。というのは、この単独存在者が過去における現在の存在を知っているというとき、彼はそのとき自分が書き残した文章を（それを書いたその時点における思いを記憶をたどって思い出すのではなく）いまその文章そのものを解読することによって理解することができ、また、いま書き残しておく文章を（書いたこの時点の思いを記憶をたどって思い出すのではなく）未来においてその文章そのものを解読することによって理解することができる（と想定されている）からである。要するに、彼には言葉で語りかけてくる他者が存在することになるわけである。すると、彼は原理的には他者の存在を知っていることになる。彼は、時間理解によってのみならず言語理解によっても人間的他者の存在を想定できる道が開けていることになる。言い換えれば、時間的矛盾と言語的矛盾の両者から（その両者は結局は同じものであるともいえるが、その議論はここでは措くとして）人間的他者の可能性にいたる道筋が開かれていることになるのだ。

時間そのものについては、この単独存在者のような想定はおそらくはしてみることさえも不可能であろう。すなわち、実際に単独的に存在している現在がこの現在以外の現在もまた存在可能ではあるのではなかろうかと疑ってみる、というようなことである。われわれはそのような懐疑をすでに超えてしまっており、超えてしまったことで成立した世界にしか生きられないからだ。そうだと知ることはできても、である。

言語についてはさらに根が深いだろう。専制君主や単独的存在者はなぜ言語を持っていることができるのか、と問われたなら、そう想定したからであって、それだけのことにすぎない、と答えることもできるのだが、しかし、その想定がそこで問おうとする問題にすでにして答えてしまっているのではないか、と問われたなら、それは認めざるをえない。とはいえ、なぜか言語をもつ（言語は無色透明で何の前提も持たない表象媒体であると前提したうえで）と想定しなければ問いを始めることさえできない。専制君主は臣下の言葉が理解でき、理解できた後でことの真偽の水準で問題が生じることにしないと話が始まらないのだが、しかし、ある意味ではそれではすでに手遅れであるわけだ。問題の言語的把握が可能であることが容認されている時点ですでに、（言語はじつは無色透明の表象媒体ではなく、すでにして多くの存在論的前提を背負っているので）問題の答えが与えられてしまうわけだ。臣下たちに言葉を語らせているのはじつはその世界に外にいる私（この文章の著者）にすぎないのだが、にもかかわらず、ある世界で言葉が話される（と想定される）と、そのことによって世界に「身体」的（「針」的）な複合構造*が暗に同時に導入されてしまうわけである。おそらく、問題の根源は時間の場合も同じことであろう（まさに「針」の二重の二面性がそれを示しているように）。

＊　前章の「針と身体」という項目の下で言ったことだが、忘れてしまった人のために要点を繰り返しておく（とはいえ、これを忘れてしまっていたら、ここで何が問題にされているか自体を忘れてしまっていることになるのではあるが）。身体は、内（心的）と外（物的）の二面性と、現実的にそうであることと概念的にそうであることの二面性との、二種の二面性の「いびつな輻輳」によって成り立っている。同様にして針は、現在を指すことと特定の時点を指すことの二面性と、現実的にそうである場合と概念的にそうである場合の二面性との、二種の二面性の「いびつな輻輳」によって成り立っている。

東洋の専制君主をめぐる補足的考察が思いのほか長引いたが、これでほぼ終わりである。途中でさまざまな問題に触れることになったので、「針と身体」の末尾（一七四頁）でこの問題への導入がなされた際の問題設定にもどって、その観点から何が論じられたかを確認しておこう。

この議論は、「各時点にそれぞれ「それしか見えなさ」があるという形で一般化しないかぎり、それらは特定の時点にさえなれない」という論点から出発し、それに対して起こりうる「ならなくてもよいではないか」という反応に対して考えられる異なる二つの応答を提示することから始まっていた。一つは「もうなってしまっており、こういう問いへの答えはそれを前提にしてなされてよいのだ」というものであり、もう一つは「もしならなければわれわれの知っている時間は壊滅する」というものであった。そこで「前者は時計だけでなく人計（人間身体）についてもいえるが、後者は人計についてはいえない」と言われていた。これはつまり、「もうなってしまっている」という点については時間的他者も人間的他者も同じことだが、「もしならなければ壊滅する」という点については時間的他者にはあてはまるが人間的他者にはあてはまらない、ということである。つまり、時間は「いびつな輻輳」なしにはありえないが、人間はそれなしにも生きていくことが可能である、ということである。

理由は簡単で、たとえ言語で描写される以上その世界はそのいびつな輻輳を含まざるをえないとしても、物的身体をもって現われている唯一の他者である臣下たちがその担い手である必要は──彼らみずからが言うとおり──ないからである。* その世界の実在する他者たちは本当に《私》でない（すなわち、彼ら自身にとって〈私〉ではない＝第一基準によって自己を識別していない）かもしれず、逆懐疑論は可能であるとはいえ、そう信じることもまた問題なく可能だからである。唯物論的独我論が（むしろ唯一の）整合的な世界観であったゆえんである。

* これはつまり、実在する物的身体があっても、それが（針に比されうる）比喩的な意味での身体であるとはかぎらない、ということである。それはたんに、われわれの世界で人間身体であるものと同じ形をしているだけである。

これで東洋の専制君主をめぐる考察そのものは終わりだが、関連して残る唯一の問題は、そもそもこのような考察は本当に哲学的に深い意味があるのだろうか、というものである。私はそれほどでもないと考えており、ここで私がおこなってきたような議論も、時間の場合との違いや言語のはたらき等々において興味深い論点を含んでいるとはいえ、それ自体としては少なくとも最も本質的な問題とはいえないと感じている。しかし、その議論は次章でするとして、ここでは（本題であったはずの）そもそも他者とは何かという問題を、これまでの議論との関連において、多少とも論じておくことにしよう。

他者とは何か

まずは、単純にこう考えられそうに思える。他者とは「他の〈私〉」であり、それゆえつまり、《私》のことである、と。すなわち、概念（内包）的にはどこまでも〈私〉とまったく同じ種類の存在者なのに、なぜか現実にはそうではない者のことである。

このような提示の仕方をすると、早速に二つの問題が思い浮かぶ（この二つは本質的には同じ問題かもしれない）。一つは、他者どうしの間にも（これまたもちろん概念的にはだが）これとまったく同じ関係が存在することになるはずだ、ということである。他者であることが一つの関係概念であるとすれば、これは当然のことだともいえる。どの《私》から出発しても、その人にとっての「他の〈私〉」という者が存在することになり、同じ問題はどこからでも始められるはずである。*

* それとはまた別に、この関係を一般論として提示することもできる。たとえば、本書では触れることができなかったが、私が何度も論じてきたパーフィットの複製体の火星旅行の思考実験とか、あるいはたんなる人間分裂の思考実験でも同じことなのだが、ともあれ心理的連続性の点ではある一人の同じ人間が継続的に存在しているだけなのだが、それが二つの別の主体に分裂した場合に、どちらか一方が端的に〈私〉である（したがって他方は他者である）と想定する、というところから話を始めることができる。これは、二つの中心性のうち一方が現実的な中心性だと言っているのだが、この場合の現実性はもちろん想定された現実性にすぎない。そもそもが思考実験なのだから、それは当然のことだろう。これは想定上の〈私〉であるから《私》であるともいえるが、その世界にそれとは別に現実の〈私〉が存在するわけではないから、その意味では他者であるわけではなく、想定上は端的な〈私〉であるといってもよいことになる。現実の他者を、本質的にはこのような思考実験上の〈私〉と同じ身分の存在者とみなすことも一面の真実ではあるが、他者性という重要な側面が消失する。

もう一つはもっと内在的な問題である。「〜なのに、なぜか現実にはそうではない者」は「他者」の定義である。だから、それを疑うことに意味はない。とすると、東洋の専制君主の思考実験のように、他者が現実に〈私〉である場合とそうでない場合とを考えてみるといったことにはそもそも意味がないのではないか、と思う人がいても不思議ではない。この問題は、前段落における「他者どうしの間にも……これとまったく同じ関係が存在することになる」というのと同じ問題であろう。他者性をあくまでも累進構造の内部における段差によって捉えるなら、他者もまた現実に〈私〉である場合とそうでない場合とを考えることができることになる。* 累進構造においては、ひとつ上段の存在を認めればそれが現実性を意味することになるからだ。そこからすべてが開けている絶対的な中心性が、概念的に考えられる（考えられねばならない）ことになるわけである。

＊　一八九頁の注＊＊において「「現在である時点よりも以前（以後）の時点」という形でそこに「現在」が含まれているのに、なぜB系列的であるといえるのか」という問いが出され、「その時点のほうはもはや現在にはならないから、そこから始まる新たなA系列が想定できない」からだ、と言われているが、このような意味での〈現在〉でなさが、ここで言われている意味での〈私〉でなさと対応する。

この問題を、定義の中に「現実存在」が含まれているという点に注目して、神の存在証明におけるいわゆる存在論的証明の孕む問題と同じ問題だと見る見方もありうる。これを詳述している余裕はないが、結論的なことだけを簡潔に述べるなら、言語的コミュニケーションの場面においては存在論的証明の言語使用のように伝達が為され、為された後ではその事実は闇に葬られて、直接的に確証される、ということになるといえるだろう。*

＊　と、このようにその経過を外から描写すると、(間接的な「直接的に」が入り込んで) コミュニケーションの場面における言語使用と同種の言語使用しかできないことになる (という点にふたたび「存在論的証明の孕む問題と同じ問題」が現れる) のではあるが。

また、この問題を、可能世界の問題と同型であると見ることもできる。後者においては可能主義(可能世界の実在論、時間論におけるB系列主義に対応する) と現実主義(可能世界の非実在論、時間論におけるA系列主義に対応する) との対立が中心的な対立点となるが、私と他者の関係の問題もそれと同型であると捉えることができ、それがこの問題をヨコ問題として捉えるということであった。その場合、可能世界は望遠鏡で観察すれば見えるようなものではないのと同様、他者のあり方は内側に潜り込んで観察できれば答えが見えてくるというようなものではなくなる。心の状態が自然な身体的表出をともなうかどうか、といったことをめぐる問題も本質的な問題ではなくなる。

他者は、一つの意味 (現実主義的) においては、他の〈私〉なのだから、(認識不可能とかそういったレベルの話ではなく) 文字どおり存在しない。他者なのに私であるわけがないからだ。このことは〈私〉についてだけでなく《私》の水準でもいえる。そのように考えると、これは相対化された現実主義となり、それはまた相対化されたA系列主義とも同型であるが、それでもまだB系列主義になるわけではない。ともあれ、一面においてはこの立場（現実主義的）は固守されねばならない。この側面が捨てられてしまえば、他者は他者的特殊性とでもいうべきものを失ってしまうからだ。もう一つの意味（可能主義的）においては、端的な唯一の〈私〉の存在のほうが一種の幻覚のようなものとなる。すると、他者性は並列的な相互的他者性だけとなるが、これは端的な現在が存在しないB系列主義と同型の捉え方である。こちらの捉え方もまた一面においては固守されねばならない。この側面が捨てられてしまえば、そもそもある同種の存在者のなかに自己と他者という違いがあるということ（の「ある同種の存在者」のほうの側面）が消滅してしまうからだ。

他者の存在が問題であるのは、両立しがたいこの両側面が併存しているからである。こういう場合、どちらか一方を消滅させることで問題を「解決」しようとする人が（どの問題領域においても）必ず出てくるが、問題は解決すればよいというものではない。少なくとも哲学的な問題の場合は、それが問題であることを既定の前提とはせずに、問題の問題性そのものを深く理解することのほうが遥かに重要である。そしてこの場合、問題であることの意味はやはり、たんに並列的な相互的他者性と唯一の現実的他者性との「いびつな輻輳」にあるだろう。

端的な唯一の〈私〉の存在のほうを一種の幻覚のようなもの（すなわち実在しないもの）とみなしたうえで、この側面（すなわちこの特別な実在しなさ）の欠如によって他者という存在者を捉えることもできる。彼らはなぜか全面的に実在してしまっている（寄与成分だけで出来ている）！と。この捉え方のほうが（問題点を一挙に捉えているという意味で）正鵠を射ているともいえる。比喩的にいえば、私は幽霊なのだが、あちらにはそういう幽霊性を欠いたゾンビ連中がいる、というわけだ。彼らはなんと余すところなく実在しているのだ。ここには事象内容的な意味での懐疑（「彼らはじつはゾンビなのではないか」といった）が介入する余地はない。〈幽霊〉を《幽霊》的に一般化しても、この議論は累進的にどこまでも成り立つ。その場合には、幽霊性（実在しなさ）が概念的にのみ反復されていくことになるだろう。

他者性が（完全にB系列的な）並列的な相互的他者性だけとなったとき、その客観的な（相対主義的な）捉え方においては独在性（諸中心性のなかにある唯一の現実のそれというあり方）の問題は消滅するが、その痕跡は一般的な私秘性の問題という形をとって残存することになる（B系列における各時点間の関係も同じである）。そうすると、各「私」に並列的に外から覗けない私的内面があるかように捉えられることになるだろう。

この論脈において重要なのは、「」と《》の区別、時間論用語でいえばB系列と相対化されたA系列との区別、である。独在性は概念化されても（その本質においては）そのまま保持されるから、そのことで一般的な私秘性に変形してしまったりはしないのだ。では、一般的（並列的）な私秘性という捉え方はどこから生まれてくるのだろうか。独在性の累進的な相対化からではない。そこでは唯一の「現実の原点」が概念的に保持されつづけるからだ。もはや累進構造さえ発動しないまったく平板な（平板に相対主義的な）世界が成立したとき、私秘性はそこにおいて（しかしあくまでも独在性の痕跡として）成立するわけである。

平板なB系列といえども、それが（たんなるC系列ではなく）あくまでも時間の系列である以上、そこにはA系列性の痕跡が残っているだろう。B系列の本質である「（どこにでも認められる）より前‐より後」の関係がまさにそれである。これと同じように、一般的な相互的私秘性といえども、それが（たんなる物的相互関係ではなく）あくまでも諸々の心のあいだの関係である以上、そこには（累進する）独在性の痕跡が残っているのでなければならない。意識の私秘性の本質である「（だれとだれの間にも存在する）他者の心の体験できなさ」がまさにそれなのである。

さて、最後の問題はじつはここから始まる。前章で「私と同じあり方をした他人などという丸い四角のようなもの」という話をしたとき、そこに付けた注（一八一頁）において「ウィトゲンシュタイン的な問題提起」は「中心性ではなく現実性の問題」なのだが、「方向は伝統的な他我問題と同じ方向を向いている」と私は言った。そして「私の元来の問いはそれらとは逆向きである」と。ここから始まる最後の問題とは、この「方向」の問題である。それはまた、東洋の専制君主をめぐる考察の最後にちょっと呟いておいた、「このような考察」には「本当に哲学的に深い意味がある」わけではないだろう、という点とも繋がっている。

第12章

唯物論的独我論者の苦境

唯物論的独我論者の問い

例によって、前章の議論に対する補足的考察から始めよう。

専制君主に対する臣下たちの賛同が、われわれが最初に問題にした「唯物論的独我論」に基づくものであったらどうだろうか。臣下たちは君主に「陛下はわれわれとはそもそも物理的な造りが違っているのでございます」と語るわけである。だが、専制君主という想定は、彼自身が「私のこの特別さは私のこの特別の身分によるのだろう」と考えるという要素が介入して問題の本質をわかりにくくさせる可能性があるので、ここでは最初の議論にもどって普通の平民を想定しよう。普通のと言っても「ほんとうに独我論的心配をしている（なぜ私だけこんなに他の人と違うのだろう、何か変なのではないか、というような仕方で）」平民ではあるが。なぜか（専制君主の臣下にあたる）彼の周囲の人間たちはみな（彼をからかってか、本心からか）「あなたと私たちとではそもそも物理的な造りが違っているのだ」と言うわけである。それだから「あなたは現実に痛かったり、悲しかったり、ありありと思い出したり、思い通りに体を動かせたり、……するのだ」と。*

＊　だがもし、彼の周囲の人間たちがそのようなことを言うと想定すると、そこにふたたび言語的世界像が前提しているものという要素が介入し、問題の本質をわかりにくくさせてしまう可能性があるとすれば、彼らはとくに何も言わず、彼一人が勝手に唯物論的独我論を信じているという想定にしてもよい。以下の議論はそう読んでもらってもかまわない。

このとき、彼はほんとうに独我論的心配をしているにもかかわらず、他面ではまた懐疑論的傾向の強い哲学者でもあるので、周囲のみんなによって与えられたこの世界像を、あるいは自分自身で作り出したこの世界像を、（逆懐疑論的に）自己論駁することができるだろうか。そういう（逆懐疑論的な）可能性を考えてみることができるだろうか。そういう（逆懐疑論的な）可能性を考えるということがどういうことをすることなのか、その意味を理解できるだろうか。

逆懐疑論とはこの場合、物理的な造りに違いがあるというのはじつは嘘で、自分も他の人間たちと同じように意識や自己意識をもつだけのごくふつうの人間にすぎないのではあるまいかと疑う、ということである。彼の場合これはまた、自他のこの根源的な違いはその種の実在的《リアル》な理由によるのではないのではあるまいか、と疑うということでもある。これは、われわれがすでにしてごくふつうに持ってしまっているこのごくふつうの世界像を彼もまたごくふつうに持つことができるだろうか、という問いである。ごくふつうの世界像であるにもかかわらず、そこには格別の困難があることを理解していただけるだろうか。そこに格別な困難を見る見方のもつ意味を理解していただけるだろうか。

彼がもしこのわれわれのふつうの世界像を持つにいたったならば、そのとき彼は、彼と他の人々とのあいだに現実に存在する（彼を「独我論的心配」に導いた）差異を、どのように説明するようになるのだろうか。彼がこの世界像を持つためには、物理的な違いなどはよけいであるということを知らねばならない。この（彼の心配の種である）差異は、じつはそんな違いなどまったくなくても問題なく存在してよいのだ、と納得するにいたらねばならない。われわれはみなもうそう納得してしまっているにもかかわらず、そもそもそんな納得がどうして可能なのかをわれわれもまた知ってはいないのだ。

彼は当然のようにこう考えている。もし他人たちも私と同じ物理的なあり方をしているのなら、だれの眼からもいっぺんに世界が見えてしまい、だれが殴られても同じように痛く、だれの体も思い通りに動かせる、……等々であるはずだろう。またもし私も他人たちと同じ物理的なあり方をしているのなら、だれの眼からも何も見えず、だれが怪我をしても痛くもかゆくもなく、だれの体も動かせたりはしない、……等々であるはずだろう。複数の機械が（完全に切り離されていても）本質的に同じ仕組みであるなら、どれにも本質的に同じことが起こるはずである。現に一つだけこれほどにも違ったことが起きている以上、その一つにだけ何かしら物理的に本質的な違いがあるにちがいない。

彼は、どうすればこの考え方を乗り越えることができるのだろうか。こう考えるのはどうだろうか。たしかに、複数の機械が（完全に切り離されていても）本質的に同じ仕組みであるなら、どれにも本質的に同じことが起こるはずである、とはいえよう。それはたしかにそうかもしれないが、どれにも同じことが起こっているという事実とそれらを見渡せるという事実は別のことではないか。別の理由で本質的に見渡せない、ということがありうるのではないか。

もしこう考えたなら、彼はきっと、私秘性と独在性の違いに思いいたるにちがいない。彼は、意識というものには本質的に私秘性という性質がある、ということを受け入れるかもしれない。すなわち、意識というものは本質的に、だれでも自分の意識状態は体験できるが他者のそれは体験できない、というようにできている、ということである。彼がこれを認めるとは、自分と他者のあいだにある隔絶のある側面は他者どうしのあいだにもある（またはありうる）と認めることである。認めても痛くもかゆくもないだろう。その側面とはまったく別の点で、自分にだけはその側面によっては説明のつかない根源的な違いが生じている、ということこそが彼の問題意識なのだから。実際、われわれだって、みな本当はそう思っているはずだ。だれだって他者どうしのあいだにも意識の私秘性という関係はある（少なくともありうる）と認めてはいるが、しかし自分自身を他者たちから識別する際には、そうしただれとだれのあいだにもある（またはありうる）隔たりとは別種の隔たり方*に依拠してそれをしているはずだからである。ここには、まったく異なる二種類の隔絶の仕方が存在するのだ。

＊　それだけが現に与えられてある、というあまりにも根源的な隔絶である。

このことはこれまで何度も言ってきた次のような事実からも裏づけられる。百年前の世界もまた、だれでも自分の意識状態は体験できるが他者のそれは体験できない世界であったが、現実にそのうち一つが体験できるという事実は成立していなかった。百年後の世界もおそらくはそうであろう。この数十年間だけ*そのうち一つが現実に体験できるという事実がなぜか成立しているのだ。おそらくこのことはこの文章を読んでいるすべての人が賛同するに違いない。とはいえもちろん、全員のその賛同が並列的に成立するわけではないが。**

＊　これまた前にも言ったことだが、この問題を鋭利に理解するためには、ここに別の種類の懐疑論を重ねてしまわないよう繊細な注意をはらう必要がある。たとえば、百年前があったかどうかわからないではないかとか、五年前もそんな唯一現実的な体験はじつはなかったかもしれないではないかとか、このまったく特異な者が（他の人間と同様）数十年で死ぬかどうかわからないではないかとか、そういった

懐疑論である。われわれは敵を打ち倒して何かを樹立するための闘争のようなことをしているのではないのだから、作戦は一つ一つ別々に実行して、できるだけ他の影響が排除されたそれ自体の効力を一つ一つていねいに検討していかなければならない。

＊＊　これは本質的に並列を拒否する事実の存在を問題にしているのだから、これは当然のことである。全員の意見は形式的に一致するだけである。

唯物論者の彼はこう考えるだろう。現在の世界においては、なぜか現実に体験できる意識状態が存在しており、それはなぜかこれである。このことは、そこに何らかの物理的な違いがあることによってしか説明がつかない。そして、このことは意識というものがもつとされる私秘性という一般的な性質とは——自分がその存在を確証することができないそういう事実がかりにあるとしても——まったく別の問題である。

彼がそのように考えるとき、「意識がある」という概念が二重化されているとみなすこともできる。〈私〉と「私」と同様な仕方で、〈意識〉と「意識」に。彼は他者にも「意識」があることを認め、検証不可能ながらも、それらにはそれぞれ私秘性がある（ありうる）ことを認めたことになる。このように独在性を私秘性から区別することは、別の観点から見れば現実性を中心性から区別することとも重なり、哲学的には歓迎すべき事態である。彼は東洋の専制君主よりも、実在的な単独者よりも、問題を哲学的に一歩先に進めたとみなしうるからだ。

彼のような特殊に偏執的な人物でないふつうの人々は、たとえ彼のような疑問を持ったとしても、一般的な私秘性の説明をされて「君もその一例であるにすぎない」と言われたら、そこで納得して（させられて）しまうだろう。その納得がじつは錯覚にすぎないことにはなかなか気づきにくい。しかし、彼はいま、ふつうの人々とは逆に、哲学者として、あえてそういう逆懐疑を遂行してみようとしているのだ。だが、頑なに理性的な彼は、どうしてもそれが不可能であるとしか思えない。

哲学者としての彼は、私秘性の問題と独在性の問題の（いいかえれば中心性の問題と現実性の問題の）根源的な差異の洞察によって、その不可能性が東洋の専制君主の場合とは異なる理由によっていることを洞察している。それにもかかわらず、依然として「ものごとの理解の基本形式」には固執する彼は、そこに物理的根拠を求める唯物論的独我論の道しか残されていないのだ。彼がこの道から脱することは可能だろうか。

別の道を見出すことはできないとしても、彼が唯物論的独我論の道もまたありえないことを洞察するにいたる可能性はあるだろう。彼と東洋の専制君主との違いを考えてみよう。彼は独在性を私秘性から、あるいは現実性を中心性から区別しており、そのうえで自分の問題が前者であることを自覚している。専制君主はまさに専制君主であるという特殊な事情に災いされて、他我問題を認識論的に提起する多くの哲学者たちと同様、この区別をすることができなかった。[*] 彼の問題意識は、他者もまた《私》であるか否か（すなわち、第一基準によって自己を他者から識別同定しているか否か）にあった。唯物論的独我論者の問題意識はそれとは違う。彼は他者たちがそれぞれ《私》であること（すなわち、第一基準によって自己を識別する、それぞれが中心性と私秘性をもつ主体であること）は認めてよいと考えている。いやむしろ、じつはそれとは違う問題があるのだということをはっきりさせるためには、それは認めてしまったほうがよいと考えるはずである。そんな些末な自然の事実とはまったく違う種類の真に驚くべきことが起こっていることが彼の問題なのである。彼の問題意識は、諸々の中心性の中にただ一つある現実的な中心性にあって、すでに「いびつな輻輳」の水準に達しているわけだ。

＊　こう見れば、「東洋の専制君主」という設定それ自体がじつはまさにこの区別を見えなくさせるための設定だったことは明らかである。それは、存在論的な差異を実在する差異にぴったり重ね合わせることで、この差異の本質を見えなくさせていたのである。それならしかし、唯物論的独我論者はどうなのか。

とはいえもちろん、振り返って考えるなら、東洋の専制君主もまた、時間との類比や言語のもつ前提にもかかわらず、なおやはり逆懐疑論に乗り切れなかったのは、言い換えれば平板でのっぺりした通常の相対主義的世界像に乗り切れなかったのは、実のところはこちらの（つまり私秘性や中心性ではなく独在性や現実性の）問題がそこにはたらいていたからだろう。にもかかわらず、専制君主という身分が彼から問題の存在論的本質を鋭利に抉り出す視力を奪っていた。

唯物論的独我論者は自分の信念を理性的に捨てることができるか

それならば、唯物論的独我論者の見解は正当化可能か、といえばけっしてそうはいえない。もちろん、われわれはみなその唯物論的独我論者ではないのだから、他者として彼の誤りを直証するのはたやすいだろう。そうではなく、彼自身に彼の誤りを説得することが、あるいは彼自身が自分の誤りに気づくことが可能であろうか。微妙な問題があるとはいえ、おそらくそれは可能ではあるだろう。

彼が物理学者でもあって、その物理的根拠を実際に発見した場合を考えてみよう。さらに、その成果に基づいて、その物理的性質をもった、それゆえ問題の点において彼と同じ造りになっている人間を、実際に作ったとしよう。あるいは、生理学的根拠に基づいて現存する他人を彼と同じ造りに変換する技術を開発した、と考えてもよい。後者は、簡単のため、世界中の歴代の人間の中で彼だけ血液の中にI^1という成分が流れていることを発見し、その根拠に基づいて、他者の血管にその成分を注入した、というようなことを想定すればよい。

はて、しかし、それはどういう意味なのか。新品のその身体や、これまで他人のものであったその身体が、彼がその眼から世界を見ることができ、彼がその手足を動かすことができる、……等々の身体であった（になった）として、それは本当に彼が望んだ結果なのであろうか。それはたんに彼の身体の拡張にすぎないのではなかろうか。彼が二つの身体を持ったにすぎないのではなかろうか。* そのようなことでよいなら、彼の独自の学説に拠らずとも、一般的な物理学（生理学・工学・等）の進展によっても十分に達成可能なはずである。それどころか、彼がI^1によって成し遂げた業績自体、ある人間の統覚の拡張として、客観的に認知されうるものである。彼が解決したいと願う問題自体にはいかなる客観性もないはずなのに、である。そんなことでよいのだろうか。彼の独自の学説は彼の独自の問題に答えているであろうか。

* 制作されたその新品の身体にも、すでにして彼とは別の人格がある（たとえばその人をその人たらしめているそれまでの人生の記憶をすでにもっている）としても、もしかりに彼とその新しい人との二つの人格が統合可能であったなら、それはやはり私秘性や中心性が破壊されて一つの統合的主体が作られたにすぎない。これは一つの中心性の成立にすぎず、その人が〈私〉であることはこの統合の本質には関係していない。逆に、中心性という性質の本質からして統合が不可能である（ことがわかる）場合も、この点にかんするかぎりは同様である。

二つの身体を持ったにすぎないと事態を捉えうるならば、それと同じことは他人にも起こりうると考えざるをえまい。ということはつまり、それはじつは私秘性・中心性にかんする問題だったことになる。彼がきわめて独自に発見したはずの物理的事実は、じつはきわめて独自のはたらき方ができない。はたらく場所がどこにもない。すなわち、ここで問題になっていることは、彼が「自分にだけはその側面によっては説明のつかない根源的な違いが生じている」と信じているその独自の側面ではなく、むしろ彼がそれによっては説明がつかないと認めた側の、「他者どうしのあいだにもある（またはありうる）」ほうの側面なのである。それゆえ、他者たちもまた彼が成し遂げたのと原理的に同じことを成し遂げることができるわけである。* 彼の希望に反して、彼の開発した方法が彼に固有の問題に答えることはできないだろう。彼はおそらく、答えようとするあまり、問いの本質を見失ったのである。**

＊　たとえば、ある他者が I^2 という物質を発見し、それをその人にとっての他者の血液中に循環させることによって。

＊＊　この意味においては、唯物論的独我論者は東洋の専制君主——彼の場合はすでに答えが与えられてしまっていたわけだが——と同じことの物理版なのであって、そういう社会的な答えが与えられていなかったので、物理主義的な方法によって自分を専制君主化しようとした、と見なすことができる。

彼が制作した奇妙な人間に比べれば、むしろふつうの他人のほうが、彼が問題にしているそのことを体現している存在者であるはずだ、ともいえる。なにしろ彼は、他者における〈私〉の存在をすでに容認しているのだから。彼が制作した人体にはむしろそれがない。とはいえ、彼の失敗にもかかわらず、彼だけが捉えようと試みた問題はたしかにあるのだ。ここで、それを見失ってはならない。重要なことは、どちら側にも落下することなしに、いわば彼を転向させずに棄教させる隘路を見出すことである。

自分が二つに分裂するという思考実験を思い出してほしい。世の中には思考実験というものの意義を理解できない人は多く、そんなことは起こりえないなどと言う人さえいる。もとより起こりうるかどうかが問題なのでない。分裂などというとんでもないことが起こる必要はないのだ。これは、現実性に基づく事態はいかなる実在的諸性質とも無関係に成立しうるということを象徴的に提示する面白い話であるにすぎない。問題は、唯物論的独我論者の物理的根拠に基づく〈私〉制作の話からも、この分裂の話と同じ教訓を読み取ることが可能だ、という点にある。

どちらの話でも、もし成立した二人（二体）が単一の「その眼からだけ現実に外界が見え、その身体だけが現実に感覚を感じられ、その身体だけが現実に動かせ、……等々であるような身体」に統合されたなら、たんに身体が二つになっただけのことで、〈私〉の存在の問題とは関係ないことになる。これはすでに確認した。すると、〈私〉の存在の問題と関係するのは、物理的には（精確にいえばもっと広くおよそ実在的《リアリー》にはであるが）まったく同一の人間が二人（二体）存在しているのに、なぜか「その眼からだけ現実に外界が見え、その身体だけが現実に感覚を感じられ、その身体だけが現実に動かせ、……等々であるような身体」がその一方だけである、という事態が成立した場合であることになる。* そういう場合、他者とのそのような差異はいかなる実在的《リアル》な性質からも独立に成立していることになるからだ。** 通常の自他の差異には異なる二種の差異が輻輳しており、この問題の存在を見抜きにくくさせているのだが、現実世界では分離できないこの異なる二種の差異はこの思考実験によって可能的に分離することができる（ことによって異なる二種の差異であるとわかる）わけである。

＊　可能的な意味では、これは必ず成立する、といえる。二人が一緒に〈私〉であることはできないのだから、必ず別々の主体が成立するはずだからだ。現実に〈私〉である人の成立は、そうした一般的なことは前提にしつつも、そのうえに無根拠に成立する。その成立の事実はその内側からしか認められないが、内側からしか認められないというそのこと自体もまた可能的にも言えて、そうすると一般的な私秘性の問題と重なることになる。

＊＊　ここで実在的《リアル》といわれているのは、カントの「存在は実在的な述語ではない」のあの「実在的」である。他の箇所で「事象内容的」などとも訳されており、拙論「なぜ世界は存在するのか」（『哲学の密かな闘い』所収）においては、この意味でのリアリティが「内容的規定（性）」と訳されている。物理的事実はその一種であるにすぎない。ここでの論点については、可能的な百ターレルと現実的な百ターレルの差異と、贋物の百ターレルと本物の百ターレルの差異との、二種の差異のあいだの差異について、その拙論の文庫版一九二頁の注（およびその周辺の本文）を参照されると、この箇所のより深い理解が得られるはずである。

同じ問題を〈私〉ではなく〈今〉で考えてみよう。今起こっているすべてのことはその内容をまったく変えずにただたんに過去になる、ということはだれでも知っている。未来は問題含みなので除外するとしても、まったく同じ内容が現在でも過去でもありうることは明らかなことである。したがって、内容によって〈今〉を作り出すこと（こういう内容だから今起こっている、というように）ができないこともまた明らかなことである。（これはつまり、「今である」は内容的な述語ではない、ということであり、これはまた「「存在する」は実在的な述語ではない」の一例である。）

物理的事実もまた実在的・内容的事実の一種であるから、〈今〉であることには物理的根拠もないはずであろう。しかし、それを可能にする（少なくともあたかも可能であるかのように見せる）方法はある。一つのやり方は、その〈今〉を実在化して、「動く今」あるいは「今という場*」というものが存在すると考えることによってである。いや、そんなことを考えずとも、ごく素朴に〈今〉に物理的根拠を与えようとすれば、自然に、否応なく、「動く今」か「今という場」を想定することになる（なってしまう）はずだ。〈今〉であることの物理的根拠がその時にだけN^1という物理的事実が成立していることだとすると、次の瞬間にはそのN^1はその瞬間にだけ成立していることにならざるをえない。十年後には十年後に、百年前には百年前に、だ。これはつまり、「動く今」か「今という場」を想定した、ということである。そうなれば、「動く今」の場合には、それを駆動していく物理力があると考えることができ、「今という場」の場合には、それを成立させている物理的性質があると考えることができることになる。未来や過去にはそれが存在していない、というわけである。

＊　前者では、出来事系列上を今が動いて行くと表象するのに対し、後者では、出来事系列が今という場の上を動いて行く（到来しては過ぎ去っていく）と表象する。

さて、しかし、そのように捉えると、もし今が動いているならば、その動く今が今存在している場所というものがあることになるし、もし今という場があるならば、その今という場に今来ている出来事というものがあることにならざるをえない（その他は、現に今ではない、過去における今か未来における今であることになる）。「今」は二重化されることになるだろう。われわれの記法で表現するなら、「その動く「今」が〈今〉存在している場所」や「その「今」という場に〈今〉来ている出来事」というものがあることになるのだ。

このように考えた場合、その〈今〉のほうの成立にはもはや原理的に物理的根拠はありえないだろう。たくさんの可能な「今」のうち現実の〈今〉はなぜこれなのか、という問いに物理的理由をあげることはできないだろう。N[1]が使えないことは言うまでもあるまい。それはどの今にもあてはまるのだから。かりに動く今を駆動している物理力があるのだとすれば、現に成立している現実の今には（それだけが本当の今であるにもかかわらず）物理的根拠はありえないことになるだろう。

もしかりに、N[1]のようなどの「今」にもあてはまる根拠ではなく、現実の〈今〉にだけあてはまる物理的根拠があったとしたら、それはどういうものであろうか。他の時点（かつて今だった時点やこれから今になる時点）にはそれはないはずだろう。それらの時点もまた、その時点においては「現実の〈今〉」であったり「現実の〈今〉」になったりするはずなのに。[*]「今（現在）である」ことには、「現に与えられている」というような特徴しかないが、その特徴は――特徴として捉えられるかぎり――どの今（現在）にも必ずある特徴であることになる。過去における今や未来における今は、内容的（内包的）には、現実の今と異なるところがない。現実の今の現実性を実在性の内部に位置づける方法はないのだ。

＊　ここでももちろん、「「存在する」は実在的な述語ではない」の時間版である「「今である」は実在的な述語ではない」がはたらいている。この点については、先ほどの拙論の文庫版一九一頁の末尾の引用文と（先ほど言及した注を含む）その周辺の解説的論述を参照していただきたい。

神が人間（あるいは生き物）の数だけ独我論世界を創造した、という話を思い出してほしい。その場合、世界が独我論的なあり方をしていること自体は何ら驚くべきことではなくなる。しかし、なぜかそれらのうちの一つが現実世界であることは不可思議なことでありつづけるだろう。それだけが現実世界である理由を、その世界の実在的・内容的（もちろん物理的を含む）特徴によって与えることはできない。なぜなら、神でさえその理由はご存じないからだ。その意味では、そもそもそんな現実世界など実在しない（どの世界も平等にそれぞれにとって現実世界であるにすぎない）わけである。そのような意味においては、専制君主とは違って問いの意味を精確に捉えてしまった唯物論的独我論者にとっては、その問いに答えはない。彼が問うている事実そのものが、そもそも実在してはいないからである。

彼が以上のような洞察に到達することは十分に可能であろう。しかし、唯物論的独我論に固執して、たとえばI^1がその根拠だと信じつづけることも十分に可能ではあるのだ。なぜなら彼は、なぜかその実在しないものの現実性を生きるしかない羽目に陥っている、幽霊のような存在だからだ。恐らくは、われわれもみなそうであろう。少なくとも、私はそうだ。

終章への展望

本章は、唯物論的独我論者の苦境をめぐる議論に終始することになった。そして、この議論にもまだ続きがある。彼が東洋の専制君主らに比べて問いの意味を精確につかんだ、とみなすのはじつは誤りではないか、とさらに問うことができるからである。だが、それは最後の議論と連結した方がよいと思われるので、本章はここまでとしておこう。

最後の議論とは、前章の末尾において予告した「方向」の問題の議論である。その箇所ではこう言われていた。「ウィトゲンシュタイン的な問題提起」は「中心性ではなく現実性の問題」ではあるのだが、「方向は伝統的な他我問題と同じ方向を向いて」おり、「私の元来の問いはそれらとは逆向きである」、と。そして、最後の問題はこの「方向」の問題なのだ、とも言われていた。予告に反して、本章ではそこまで到達することができなかったわけだ。

ところで、ここまでの議論において唯物論的独我論者は、外界が見えたり痛みを感じたりする生き物がたくさんいるなかで、なぜ現実に外界が見えたり痛みを感じたりするのはこいつだけなのか、と問うていた。これは、彼が「私の元来の問い」の方向で問題を捉えていた、ということを意味する。しかし、彼と同じ出発点から、むしろ「伝統的な他我問題」と同じ方向に問うこともできたはずである。彼はなぜ、なぜか与えられている類例なき圧倒的な現実を、唯一の現実的実例であるとはいえ、ともあれ何かの一例ではあるとは見なすことができたのであろうか。彼はなぜ、(現実的にではなく)実在性《リアリティ》において自分と同種のものが存在することをなぜすでに知っているのか。そんなことさえわからないはずではないのか。これはいったい何なのか、それは類例というものがまったくない、ただむきだしの謎でしかありえないはずではないのか。

前章の末尾においてはまた、こうも言われていた。「それはまた、東洋の専制君主をめぐる考察の最後にちょっと呟いておいた、「このような考察」には「本当に哲学的に深い意味がある」わけではないだろう、という点とも繋がっている」と。「本当に哲学的に深い意味がある」わけではないと考えた理由は、それが他我構成の問題で、方向が逆だからであった。

しかし、むしろその逆に考えることもできるだろう。唯物論的独我論者のように、専制君主とは違って中心性と現実性を混同せずにはっきりと後者から出発したとしても、なお専制君主のような方向で問うことが正しいとも考えられるからである。これが問われるべき最後の問いである。

終章 中心性と現実性の派生関係

東洋の専制君主と唯物論的独我論者の問いの意味をさらに考える

まずは、東洋の専制君主と、その後に想定した実際に一人しかいない単独者と、前回論じた唯物論的独我論者との違いを、それらの検討によって到達した地点から振り返って、確認しておこう。

その見地から見れば、専制君主はいわば余計な話を付け足した（付け足させられた）だけである。専制君主が信じた話が事実であってもなくても、状況の本質に変わりはないからだ。独在性の問題にとっては、他人にはじつは意識がない（逆にじつはある）といった種類の問題はそもそも本質的な意味がない。そうであってもなくても、〈私〉のあり方はまったく他者と異なっているからだ。（とはいえ、逆懐疑論の困難性等々、その箇所の議論から学ぶべき論点は多々あったのではあるが。）

実在的単独者の問題がはるかに重要である。彼が他者の存在の可能性に思いいたることは、そこに矛盾を持ち込むことであるから、たしかに難しいだろう。実際に難しいかどうかよりも、それは不可能といえるほどに難しいことだとみなしうる、ということが重要なのだ。困難なその想定の意味を、専制君主が陥った（陥らされた）ような余計な話の水準を持ち込んで考える余裕が彼にはそもそもないであろうから、*彼の直面するその困難こそが真の（＝われわれが取り出したいと願っている）問題に最も肉薄している。とはいえ、この場合当然のこととはいえ、**彼の問いの向き（方向性）は依然としてやはり他者のほうへ向かっているのだが。

＊　なにしろ彼は、そのような懐疑の対象となりうるような（まさにそのことこそを本質とする）他者概念そのものをこれから構成するという課題を背負っているのだから。

＊＊　彼にはそもそも対比項が与えられていないのだから、次の唯物論的独我論者のように自分というものの特殊なあり方のほうに問題を感じるためには、まずは他者概念の構成に成功してその対比項を自ら作り出していなければならない。

唯物論的独我論者は、いわばこの単独者のような視点を確保したうえで（つまり懐疑問題以前の自他対比そのものの問題に直接目を向けたうえで）さらにその目の向きを自分自身に向け変えている、とみなしうる。彼は、他人には本当は意識がない（痛かったり悲しかったり何かを思い描いたりしない）のではないか、などといった問いにはまったく興味を持っていない。事態をただ与えられたとおりに受け取っているだけである。* この事態の不思議さそのものは問わずに前提とした懐疑論などを開始するよりも、それ以前に、すでにもう与えられてしまっているこの事態のあり方そのものが、それだけで十分に不可解である（懐疑論はそこから派生するにすぎない）ことをよく承知しているからだ。

* 事態を与えられたとおりに受け取っているとは、浅く理解すれば、そういう懐疑が可能な他者の存在をそのまま受け取るということだが、深く理解するなら、そういう通俗的な懐疑はじつはこの与えられた事態の特殊性のうちに、ただそこにのみ根拠を持っており、根拠になっているその事態そのものの特殊性を解明しようとせずに、懐疑を実践してみても逆に懐疑論を論駁してみても、そんなことに意味はないことをすでに知っているということである。

その不可解さの解決のために、彼はいわば物理的理由づけという逆方向の余計な話を作り出したわけである。その意味では、彼は実在的単独者の問題水準を確保したうえでの専制君主だ、とみなすこともできる。なぜなら、自分だけ物理的に特殊なところがあるとは、言い換えれば他人たちの側に物理的に自分とは違う特殊なところがある、ということでもあるからだ。それは同じことであり、そう取れば、彼は専制君主と同種の世界像の持ち主だともいえるわけである。ただし、あくまでも実在的単独者の直接的な問題意識の水準において、である。すなわち、彼はその物理的差異を、私と違って他人たちにはじつは意識がない（じつは痛かったり悲しかったり……しない）といった水準の派生的な差異と重ね合わせたりはしない。その議論水準はあくまでも確保されている。

したがってもし、専制君主が臣下たちによって唯物論的独我論者の学説による説明を与えられたなら、彼もまたそれを喜んで受け入れたに違いないが、逆にもし、唯物論的独我論者が専制君主の境遇に置かれていたなら、やはり臣下たちによる事態の説明を喜んで受け入れたには違いないとはいえ、それはあくまでも物理主義的に改作したうえでのことである。臣下たちに意識があるかないかは彼の問題には関与しておらず、物理的差異は所与の直接的な（すなわち「自–他」的ではない「実–虚」的な）差異に、直に適用されるのでなければならないのである。

とはいえ、専制君主はもちろん、唯物論的独我論者といえども、自分と他者たちのあいだに実在的な差異は何もない（すなわち他者たち相互間にある差異と同じ種類の差異しかない）ことを洞察するにはいたらなかった。他者たちに欠如している実在的な何かも自分に付け加わっている実在的な何かもないことを、かりにそういうものがあったとしてもそれはここで生じている差異には無関与的であることを、洞察するにはいたらなかった。その理由は、彼らが現実性には物理的（にかぎらずおよそ事象内容《リアル》的な）根拠はありえないということを（もしそれがあるなら概念化・相対化されたそれ――すなわち他者における〈私〉の存在――の場合とまったく同じ根拠でしかありえないということを）理解していなかったからだろう。

とはいえしかし、専制君主はもちろん、唯物論的独我論者もまた、彼らの問題が現実性という問題にすぎないということ自体を認めないにちがいない。いま私が持っているペンを上方へ投げれば、それは放物線を描いて落下する。そのことの物理的根拠は、現実には投げていない、想定上の場合とまったく同じであって、それが現実化することによって付け加わる要素などはない。現実の百ターレルと可能的な百ターレルとが同額であるのと同様、これはたしかにその通りである。しかし、いま問題になっていることは、そういう「ものごとの理解の基本形式」に則った通常の現実性ではないのだ。彼らは――もし聡明であれば――そう主張するにちがいない。

そして、その点において、彼らは正しい。彼らはつまり、その「基本形式」に収まらない存在者の存在にかんする「フィヒテの根源的洞察」に達しており、心―物、主観―客観、私秘性―公共性、といった平板な対立によって構成されたのっぺりした世界像を内側から瓦解させている「いびつな輻輳」の世界像を把握している。そう見れば、彼らの愚かさを嗤うわれわれはただ多数派の信仰を彼らに押し付けて彼らの問いを封殺しているにすぎないといえる。*

＊　じつをいえば、これはさまざまな形をとって、実際になされていることである。Why be moral? も究極的には同じ形式の別の問いであり、このように倫理性が問題になる場合、多数派はこの種の「真摯

な」問いに「誠実に」答えることを、おそらくは「倫理的に」禁止されることになるだろう。

われわれは、専制君主の臣下たちとは別の種類の、思想的にその対極にある他者たちによって、対極的な世界像を押し付けられ、それを相互的に信じ込みあっている。われわれもまたじつのところは盲目的信仰者であって、専制君主のことも唯物論的独我論者のことも決して喘えない立場にある。押し付けられるその対極的な世界像とは「ものごとの理解の基本形式」に則った世界像であり、したがって、自分と他者たちのあいだには実在的《リアル》な差異は何もない（すなわち他者たち相互間にある差異と同じ種類の差異しかない）、とみなすような世界像である。他者たちに欠如しているものも自分に付け加わっているものもなく、かりにそういうものがあったとしてもそれは現に生じているこの差異とは無関係である、と相互に認め合うような、実在性の成立にかんする原初的に契約的な、根源的に相互的な「のっぺりした」世界像である。* この世界像を受け入れることによって取り落とされることになる側面もまた甚大ではあるのだが、しかし皆で共有するにはこの世界像を受け入れるほかはない。われわれの理解するすべては、そこを出発点とし、それに準拠しているからだ。**

＊　およそ話し合うということが成り立つ以上は、少なくとも一面では必ずこの相互的世界像をもたざるをえないであろう。それはのっぺりと相互的でありさえすれば独我論的であってもかまわないので、独

我論的要素は相互的私秘性や一般的主観性（中心性）という形態をとって保存されることになる。

＊＊　この平板な世界像から見ると、専制君主や唯物論的独我論者はじつはたんなる現実性にすぎないものに実在的な説明を与えようとして余計な付け足しをしたにすぎない、とみなすことができる。この批評は一面ではきわめて鋭利な哲学的洞察なのだが、他面では事態を捉えそこなっている。（哲学においては、哲学的に鋭利な洞察こそが事態の真の問題性を捉え損ねていることはよくあることだ。）その洞察の鋭利さはじつは信仰にすぎないある種の世界像を盲目的に前提にしたときにのみ成り立つ鋭利さにすぎないからである。（ところで、言うまでもないことではあるのだが言っておかないと心配になる人がいるといけないので言っておくと、この段落の主語となっている「われわれ」はこの段落で言われていることの結果としてはじめて成立する。）

唯物論的独我論者はもちろん、専制君主もまた、あまりにも素直で誠実な人間だったので、ひたすら与えられた事実に忠実であることしかできず、この原初的に契約的な相互的な世界像を受け入れることができなかった。『「青色本」を掘り崩す――ウィトゲンシュタインの誤診』において頻用した、「自–他」の対比と「実–虚」の対比の二つの対比を対比するという観点から捉えなおすなら、彼らはいずれも「自–他」という一般化された対比方式を当然のごとくに拒否して「実–虚」という直接的な対比方式に固執した。すなわち、「自分だけどうしてこんなにも他の人々と違うのだろう？」という素直で誠実な問いには、その問いにどう答えるか以前に、その問いそのものをどう理解するかという水準において、他者が問うそれと（字面のうえで）同じ問いを自分の問いと同じ問いと見なすか否かという点における遥かに重大な対立があって、あまりにも素直で誠実な彼らは、その点において、他者の問う（字面のうえで）自分と同じ問いを自分と同じ問いと見なすという可能性をおよそ思い描くことすらできなかったのである。あまりにも素直で誠実なこの態度は、「自-他」という一般的化された区別の設定を拒否して「実-虚」という直接的な区別のみを認める態度を生み出すほかはなかった。

その意味では、唯物論的独我論者はもちろん専制君主でさえ、むしろ最後まで問題の本質を取り逃がさなかった人々である、と評価できるのだ。しかし、それにもかかわらず、彼らが与えようとした答えの方向性はおそらくは根源的に的はずれなのである。このディレンマこそがわれわれ自身の置かれている現実のあり方そのものである。このことは疑う余地がないと私は思うのだが、いまだかつてこのように問題を立てた哲学者がいないようなのはただただ不思議と言うほかはない。

唯物論的独我論者の試みへの別種の疑念

そのことは認めたうえでなお、この問題の最後に、そう評価できることの背後には彼らが——そして本書においては私もまた——問わなかった別の問題が隠されていることを付言しておかねばならない。それは、〈私〉の持続という問題である。彼らは、〈私〉であることが一人の人物と結合し、その結合がその人が生まれてから死ぬまで持続するという素朴な直観を疑っていない。

彼らの問いも答えもこの前提に依存している。しかし、「現実に物が見え、音が聞こえ、現実に思考し、想像し、現実に思い出したり予期したりする人」とか、「その目から世界が現実に見え、その体だけが叩かれると現実に痛く、その体だけを現実に直接動かせる、……人物である」といった、〈私〉の成立の第一基準は、じつのところは「現に今そうである人」の意味であって、過去にそうであった人や未来にそうであろう人は含まれていない。理由は簡単で、過去にそうであった人とは今そう記憶されている人のことであり、その記憶の現実性*それ自体には第一基準が使われているとはいえ、過去との繋がりはその記憶の内部で保証されているにすぎないからだ。未来についても事情はまったく同じである。

＊　言うまでもないことではあるが、言わないとこの期に及んでもなお誤解する人がいるので言っておくと、ここで「記憶の現実性」とは、その記憶が正しいという意味ではなく、その記憶だけが現実に与えられているという意味である（すなわち、われわれがずっと問題にしてきた意味での「現実性」である）。記憶におけるこの二要素――その現実性（実存）とその内容（本質）の二つ――の結合こそが〈私〉を世界に繋ぎ止めている。

この問題を独立に考察する余裕はもはやなく、〈私〉の持続と時間経過の関係という問題の探究は「哲学探究3」に譲らざるをえないが、ここではその問題を考える基礎となりうる問題の一つに、あくまでもこの連関の内部においてだけだが、触れておきたい。それは、〈私〉ではなく〈今〉についても唯物論的独我論者のような問いを——もちろん唯物論的独今論に変換してだが——立てることが可能か、という問いである。

それは困難だろう。現に実現しているこの〈今〉だけがまったく特別のものである（現実にはただそこからのみすべてが開けている）ことに疑いはなく、それはたしかに端的な事実ではあるのだが、それは端的な事実であるだけであって、その端的な事実はそれ以外のいかなる事実とも結合してはいないからだ。すなわち、〈今〉は特定の何かに受肉してはいないのだ。

〈私〉の場合であれば、それはたまたまなぜか特定の人間と（持続的に）結合している（ように見える）ので、その事実を手掛かりにして、そいつの物理的特徴を探究するというようなことができた。いや、実を言えばそれしかできなかった。（先ほど述べたようにそこには論点先取が含まれているとはいえ、記憶を媒介としたこの捉え方は自然であった。）それと類比的に、〈今〉を何が起こっているとか何年何月何日何時何分何秒だとか捉えようとすれば、そいつはすぐに〈今〉でなくなってしまう。〈今〉にはそれが受肉している持続的な身体がないのだ。*

* これは〈今〉が瞬間で過ぎ去るという問題ではないから、たとえば〈今日〉で考えても同じことがいえることはもはやいうまでもないだろう。すなわち、〈私〉の場合にはコミュニケーションにおいてのみ起こる（その移動という）事実が、〈今〉の場合にはコミュニケーション以前にまさに時間の経過と

いうそれの本質そのものにおいてすでに起こっているわけである。（とはいえ、ここにおいても、たとえば記憶という繋がりを一種のコミュニケーションとみなすことは可能で、そこから始まる問題が重要なのではあるが、ここではまだそこまで話を広げることはできない。）

だからもし、前章でも指摘したように、現に〈今〉であるということの根拠がその時にだけN^1という物理的事実が成立していることだとすると、六秒後には六秒後の時点（当然、別のことが起こっている）にそのN^1は移動していることになる。現実には六秒後ではなくその六秒前が〈今〉であるのだが、そのことの根拠のほうは、物理的であろうとあるまいと、現にそうであることを超えて与えることはできない。したがって、もし〈今〉をその本質において捉えようとすれば、「現実には全時間がそこから開けている時」といったように、本質の内部に現実性そのものを組み込まざるをえないことになる。すると、そこには、現実には現実でないたんなる概念としての現実性と現実の現実性とのあいだの「矛盾」がつねに内在せざるをえなくなる。* これがすなわち「動く今」（または「今という場」）の問題であった。

＊　〈私〉の場合だって、コミュニケーションを外部から見れば、動きはする。だから、そこには動く（概念的な）〈私〉と動かない（現実の）〈私〉との矛盾が内在してはいる。これはこれできわめて重要な事実なのではあるが、しかし、〈今〉の場合に重要なのは、そこには動く（概念的な）〈今〉と動かな

い（現実の）〈今〉との矛盾が内在しているわけではないということである。なぜなら、「動かない（現実の）〈今〉」などというものはないからである。だから、この場合には「外部から見れば」などという条件づけの余地自体がない。外部から見るしかないからだ。

〈私〉も〈今〉も内側からしか捉えられない「一方向的存在者」であるという点では変わりがないが、内側から捉えられるそれが外側から（その本質において）捉えられる何らかのものと一致するか否かという点でははっきりと異なっている。〈私〉は、外部からの視点を取り入れたその受肉において見れば、必ずその本質において特定のだれかなのである。それゆえ、唯物論的独我論者であれば、なぜか〈私〉であるその人体の物理的本質を探究したくなるのは当然の成り行きだろう。これに対して、〈今〉は何か特定のものに受肉してはいないので、その本質においては何（何時《いつ》）でもなく、したがってその物理的本質を探究する方途も絶たれている。

それゆえにもし、ここから話を一歩進めて、この節の最初に指摘したように、〈私〉の成立の第一基準がじつのところは〈今〉そうである人という意味を含んでいるのであれば、唯物論的独我論者の試みは最初から挫折していることにならざるをえないことになるわけである。

これに関連するいくつかの重要な問題

ここまでで、本書の範囲にかんするかぎり、この議論（東洋の専制君主と唯物論的独我論者の問いをめぐる）は終わりだが、これに関連してはいくつかの重要な問題が存在するので、代表的なものをここで提示しておこう。

〈私〉がある特定の人間と時間を貫いて同一でありつづけるように見えるのと同様に、〈今〉もまた他者たちとの関係においてはいわば空間を貫いていつも同一であるように見える。しかし、もし〈私〉が〈今〉においてしか存在しないのであれば、同様にして〈今〉もまた、〈私〉においてしか存在しないと考えられるだろう。（過去や未来のだれが〈私〉であるかはわからないのと同様に、他人のいつが〈今〉であるかはわからない、というように。）前者のように考えると過去や未来の自分との繋がりが壊れる（構成できなくなる）が、後者のように考えると他者との繋がりが壊れる（構成できなくなる）。われわれのこの実在的世界は、この二つの繋がり（による貫き）を所与として成り立っている。

〈今〉の共有という前提こそが我々の共同世界の根本前提である。しかし、〈今〉は一方向的存在であり、実在していないはずなのに、どうして共有することなどができようか。（この問いは、われわれの他者との繋がりは実在性における繋がりではないのではあるまいか、というさらなる問いを誘発するだろう。）

もう一つの問題は、〈私〉と違って〈今〉はその外部の特定の存在者に受肉していない（しているようにに見えさえしない）のだから、〈私〉とは違ってそもそも捉えられない、という問題である。〈私〉であれば、ウィトゲンシュタインの口調を真似て言うなら「〈私〉とは世界が現実にはそこからのみ開けている唯一の原点のことを指しているのだが、あなたがたにとってそれが永井均という一人の人間に見えるなら、そう取ってもらってもかまわない」というようなことが言えたが、〈今〉にはその「永井均」に当たるものさえもない。「〈今〉とは世界が現実にはそこからのみ開けている唯一の時点のことを指しているのだが、あなたがたにとってそれが二〇一八年五月一日十四時四十二分三十七秒に見えるなら、……」と言いたいところだが、言っているあいだに自分がその「あなたがた」に移ってしまう（〈今〉を〈今日〉に換えて「二〇一八年五月一日」まで広げてもやはり言っている自分自身が自分自身であるままその「あなたがた」の立場に移る）。〈今〉や〈現在〉やそれに類する直接的な（A系列的な）捉え方以外の方法でそれを再把握する手立てはないのだ。[*] 仕方がないので「……のだが、あなたがたにとってそれが～に見えるなら……」以下は放棄し、「世界が現実にはそこからのみ開けている唯一の時点のことを指している」だけを残すなら、それは動く今（あるいは今という場）であり、すべての時点にかんして成り立つことでしかない。しかし、もしすべての時点がまったく対等にそうであるなら、時間というものは消滅するだろう。この言い方によって言い表したくなる事実は確かにあるのだが、それはこの言い方によっては決して言い表せないのである。[**]

＊　自他のあいだにもこの種の連続性を想定することはできる。たとえば、一定距離以上に近づくと心身ともに融合する等々、といった状況設定によって。実際にはそうなっていないというだけのことである。

＊＊　ウィトゲンシュタインが「独我論は語りえない」という表現によって、マクタガートが「時間は実在しない」という表現によって、言わんとしたことの共通構造がここに示されている。

このこととの繋がりで、「動く今」や「今という場」という観念に含まれている一つの問題を指摘することができるので、それにも触れておこう。この観念は一見わかりやすく見えるが、じつのところはそもそも何が「動く」のかはっきりしない。そのことは、この動く今より少し遅れて動く別の動く今（現実の動く今と対比された可能な動く今）というものを想定してみるとわかるだろう。たとえば、この動く今よりつねに一時間遅れて動く今を考えてみよう。これは容易に想定できるように思える。その想定によれば、私は今、この段落の二つ前あたりの段落を書いていることになる。

しかし、その遅れがそのままの間隔でずっと続いていくのであれば、想定されたその別の動く今とこの動く今とはじつは同じものである、ともいえるだろう。一時間遅れでなく百万年遅れでも同じことだ。別の動く今という想定は、あらかじめ存在する出来事系列上を動く今が動いていく（あるいは、あらかじめ存在する出来事系列が今という場の上を動いていく）という表象の仕方をしたためにありうるように見えるようになっただけで、じつは意味のない想定だともいえるのである。このような想定は唯物論的独我論者の物理的根拠の存在の想定に似ている。本来、出来事系列の前後関係はその〈今〉の動き（とされたもの）によって初めて作り出されるのだから、その意味では、〈今〉があらかじめ在る何かの上を動くことなどはありえないはずなのだ。「動く今」ではなく「今という場」のほうで言えば、出来事系列の前後関係はその出来事が〈今〉という場の上を通る（とされる）ことによって初めて作り出されるのだから、その意味では、あらかじめ在る出来事系列が〈今〉の上を動くことなどありえないはずなのだ。そのことに思いいたるなら（それだけが理由ではないが）、現実よりも一時間遅れて動く今などというものが文字どおり「考えられない」ものであることがわかるはずである。

もちろん、この考えられないことを考えらえることのように（すなわち今の到来や今への出来事の到来をある時に起こる一つの出来事であるかのように）捉えたからこそ、それに物理的根拠を与えることさえできるように思えたわけだ。* だからもちろん、それは錯覚のようなものなのではあるが、この場合、錯覚という性質は相対的なのである。なにしろ、時計もカレンダーも年表もこの錯覚に基いて成立しているのであるから。

＊ 唯物論的独我論者の本来の問題の場合も同じであろう。彼はある特定の人間が〈私〉であることを他の事実と並ぶ一個の事実であるかのように捉えたからこそそこに物理的根拠を求めたのであろうから。

同じ問題を動く今と端的な今との関係の問題で考えてみよう。「動く今は、今はどこにいるのか？」という問いがありうるが、この後者のほうの「今」は「動く今」という表象の外から与えられるほかはないだろう。時計の針はいつも動いており、それが今どこにいるかは時計外の現実の現在が与えるほかはないように。これが（A変化と区別された）A事実である。いつも（世界史年表のような出来事系列上を）動いているだけの「動く今」は、動いてはいてもB系列にすぎない。

いや、短針が文字盤上の3のところに来ていることが「今三時である」ということであるように、動く今が世界史年表上の二〇一八年五月一日十三時十五分のところに来ていることがすなわち「今二〇一八年五月一日十三時十五分である」ということを意味するのではないか、といわれるかもしれない。いつが今であるかは文字盤（世界史年表・出来事系列）と針（動く今）の二つだけで決定できるように見える。もしそう見えるとすれば、それは動く今が「動いている」という表象の内にすでにして「端的な今」というA事実が内含されて（それの継起的成立として）理解されているからである。それはたしかに一面の真理ではあるのだが、それだけではけっして、その継起的成立のうちのどれが今成立しているのか、という端的に「端的な今」の問題は解決しない。現実の今がいつであるかはそれだけでは決まらないのだ。

「……のところに来ている」とはもちろん「今来ている」の意味であり、その端的な「今」（一般的なA変化に回収されない端的なA事実）は針の動き（文字盤と針との関係の変化）の内部にはない。たしかに、短針が文字盤上の3のところに来ることが「今三時である」を意味するとはいえる。しかし、それは意味上の事柄なので、その「今三時である」がいつであっても（すなわち過去であっても未来であっても）、それが「今三時である」を意味することは変わらない。あの時は

「今三時である」が成立していた、もうすぐ「今三時である」が成立するだろう、のように。「今三時である」ことが現に今成立するためには、文字盤上の針の動きの外の事実が必要なのだ。

もちろん、時点や特定の出来事の視点に身を置けば、そこに針（動く今）が来ることがすなわち「今である」ということである。だが、それはその時点にとっての今にすぎない。われわれは時点や特定の出来事の視点に身を置いて動く今の到来を待っているような存在者ではないのだから、ひとたびこのような「動く今（今という場）」という表象方式を採用したならば、そのような（「とって」つきの）「今」とは別に（そしてまた、いつでも今であるような「動く今」ともまた別に）それらの外部から到来する端的な今が必要となるわけである。

針が文字盤上の3の位置にあることが「今三時」でないからといって、そこにもう一つ別の時計（文字盤の上を動く針）を想定してみても、今がいつであるかは決定できない。すなわち、A変化をどんなに重ねても、そこからA事実は出てこないのだ。A事実は時計とは別の場所から「いきなり」「端的に」与えられるほかはない。（各人がそれぞれ自己意識をもっていることからはそれらのうちの一つが端的に私であることは出てこないのと同じである。）時間にとっては、A変化とは区別された端的なA事実がぜひとも必要なのである。しかしそれにもかかわらず、さらに重要なことは、この「端的な事実」が概念化されて各時点（各人）にそれぞれ振り分けられることによって、われわれの理解する（時制的な）時間や（人格的な）人間が成立する、ということである。その結果、針が文字盤上の3の位置にあることは「今三時」を意味することになるわけである。

この話はさらにいくらでも広げることができるが、話が逸れすぎるのでここまでにして話をもとに戻すが、終章の本題に移るまえに、ここまで話を逸らせて論じてきたことの内部にも次の本題のテーマが暗に含まれているので、それを指摘しておこう。「動く今」（の今）と「端的な今」（の今）との派生関係の問題である。どちらかがどちらかから派生したものであろうか。もしそうだとすれば、どちらがどちらから派生したのか。それとも、初めから両者が相補的な関係にあるのだろうか。

超越論的観念論のヨコ問題バージョン

さて、ここからが終章の本題である。

通常、A系列とB系列のあいだの派生関係の問題として議論される問題は、『時間の非実在性』の「付論」等で私が導入した分類に従うなら、これはむしろA事実とA変化のあいだの派生関係の問題であり、*時間の問題を離れて一般化するなら、現実性と中心性のあいだの派生関係の問題である。すなわち、一般的な諸中心性がまずはあって、そのうちの一つがなぜか現実的な中心であるのか、それとも、唯一の現実的な中心がまずはあって、それが相対化されて一般的な諸中心性が考えられるのか、という問題である。

＊　私見によれば、B系列とはA変化からA事実（現実的な中心性）に由来する中心性という概念をも取

り除いて、その動き（変化）を一般化・遍在化させる（それによって動きを無くす）ことによって成立するものである。

問題の前提になっているこの区別は、本書の問題意識の核になるものなので、これまでの論述において繰り返し現われている。たとえば、前章の最初のほうで、唯物論的独我論者が彼の問題の発端である独在性の事実とは別に各人に意識の私秘性の事実を認めたとき、このことが繰り返されている。これは、意識というものは本質的に私秘的で、他者どうしのあいだにもそれはあるのだが、その唯一の現実的な例がここに（すなわち他者どうしのあいだにではなく私と他者とのあいだに）ある、ということなのだろうか（どの時点でもその時点が現在だが、その唯一の現実的な例がこの現在である、というように）。しかし、もしそうだとすると、唯一の現実的な例と現実的ではない他の例とが違いすぎないか。その違いそのものの根拠が謎になるだろう（その違いは通常の意味での「現実化」によっては理解できないからだ）。その端的さ（特殊な意味での現実性）そのものはいったいどこから由来するのか、と。しかし、だからといってその逆に考えて、じつは実例は現実的なその一つしかないのだが、それを何らかの理由で一般化したのだとすると、そんなふうに一般化すべき（そしてしうる）根拠そのものがどこにあるのか、疑問になるだろう。いや、それどころか、そんな概念矛盾に近いことがそもそもどうして思考可能であろうか、と。*

＊　後者は我が国の右翼（国粋主義者《ウルトラナショナリスト》）が諸外国の民衆に向かってそれぞれ自国を愛するように呼び掛けることに似ており、前者は彼らが各国に普遍的に存在する自国愛の一例として自らの右翼的信念を理解することに似ている。どちらも右翼性のポイントを外している。この場合の「ウルトラ」はそのナショナリズムを「ナショナリズム」という一般概念の一例とみなすことの拒否にこそあるからだ。独在性は、対象が国家ではなく人間で、付与すべきものが価値ではなく現実存在である点が大きく異なるが、構造的には同型性がある。

後者の思考プロセスは以下のようなものであることになるだろう。現実には〈私〉がすべての中心である。このことを「〈私〉は世界そのものである」と表現してもよいし「すべては〈私〉の内部にある」と表現してもよいし、……表現の仕方はいくらでもある。しかし、どのように表現しようとも、それはたんに現に与えられている端的な事実を表現しているだけであるにもかかわらず、客観的な世界像から見れば（また他人たちから見れば）まったく馬鹿げた妄想を表現しているように受け取られるほかはない。ここでしかし、この難局を乗り切る一つの途がある。それは、他者たちもそれぞれみな、彼ら彼女らにとっての「〈私〉がすべての中心である」というあり方で存在している、とみなすことである。それを「各人にとって《私》が世界そのものである」と表現してもよいし「各人にとってすべては《私》の内部にある」と表現してもよい。ともあれ、これがすなわち一般化された中心性の思想である。これで難局を乗り切ることはできるが、最初に言い表そうとしていたことの最も重要なポイントはこのことで失われてしまう。しかも、このことで失われる側面こそが言い表そうとしていたことの本質であったこと自体が見失われてしまう。（これはとても不思議なことではあるのだが、多くの哲学者の議論の過程においてこの転換の痕跡を確認することができる。）

前者の思考プロセスの場合はそのような問題のすりかえはない。それによれば、最初から複数の主観性・中心性が、すなわち複数の世界表象体が存在していなければならない。しかしこの場合、これがどのような事態であるかは、いったいどこからどうやって理解されるのであろうか。もしそこに唯一の現実的な中心性（主観性）が存在していないのなら、中心性（主観性）は最初からただ概念的に理解されるほかはないことになろう。それはつまり、主観性を客観的に、中心性を脱中心的に、ということである。このように事態を概念的に把握することそれ自体は必要なプロセスではあろうが、初めからそこから出発するというのは、先に論じたその逆の（すなわち「後者」の）思考プロセスよりもなお具合が悪いだろう。それはつまり、現実の中心性を知らずに可能的な中心性を一般的に理解することから出発するということであるから、事柄の本質から見て、ほとんど背理であるといえる。ここに問題のすりかえがないのは、すりかえることさえできないからだろう。

しかし、もちろん、逆の問題もある。前段落では「唯一の現実的な中心性（主観性）が存在していないのなら……」と言ったが、しかし逆に、それが存在するとして、存在するそれが世界表象体である*ことは、「中心性（主観性）」という概念が妥当するものであるということは、いったいどこからどうやって理解されうるのであろうか。他に類例がなく、可能的な類例さえも想定されていない段階で、それが何の唯一現実的なあり方なのかは、いったいどのようにして理解されるのだろうか。これは、ふざけた誇張でもなければ、高度に哲学的な問題でもなく、まったく単純に現実の問題であろう。現に私は、私が存在することが何が存在することなのか、じつのところはわからない。わかるはずがないだろう。類例がないのだから。それはただこれであるだけである。そのこれが何であるかはわからないし、わかるはずもない。それは何にも似ていないし、似ているはずもないからだ。世界（森羅万象という意味での）が何にも似ていないのと同じことである。これがすなわち、実存が本質である、ということである。**

＊　比喩を使うとすべてをその比喩に固執して理解しようとする人が現れるのであまり使いたくないのだが、この「表象」性を鏡の比喩で語ると事柄の本質（の一面）を理解しやすい人がいるようなので、それを示しておこう。もし自分が世界全体を映している巨大な鏡であったとしたら、（その他のすべてを映して（＝知って）いるとしても）自分が世界を映している鏡であるということだけは映す（＝知る）ことができないであろう。それを知るためには、その世界の内部に自分以外の「世界を映す鏡」が存在していることを知って、自分自身がじつはその一例であると知る（もはや「映す」のではなく）必要がある。それは鏡にはできないことだが、かりにそれができたとしても、そのことによって自分の本質（何であるか）の理解は達成されるとはいえ、現実にはなぜか自分だけが他の鏡たちをも映す超越的な立場にある（他の鏡たちにとってはみなそれぞれその同じことが起こっているはずであろうとはいえ）

ということの根拠だけはこれでは少しも解明されないので、この本質理解は究極的には不十分にとどまる（ということが本文のこの注の後の部分で言われていることである）。

＊＊〈私〉や〈今〉にかんしては——少なくとも最終的には——存在しているということそれ自体がその本質であらざるをえない、という点については、『今という驚きを考えたことがありますか』（左右社）所収の大澤真幸氏との対談において、「出エジプト記」における神の「私は存在するものである」という発言との関連が議論されている。デカルトの「コギト・エルゴ・スム」が、その最終実存者の資格をめぐる神との闘争であったことも、その観点から触れられている。

もし〈私〉がただ実存するだけのものであるなら、それの類例を想定することは不可能だろう。類例とはすなわち本質における類例のことだからだ。しかし、ただ実存するだけのものというより、実存こそを本質とするものであるなら、それの類例は考えられるだろう。しかしそもそも実存こそを本質とするなどということがどうしてありえようか。ありうるとしても、どうしてこれがそうだとわかりえようか。

いや、私は、私が存在することが何が存在することであるのかはわからないとしても、それが実存（現実存在 existence）を本質（の少なくとも一部）とせざるをえないものであることはわかる、むしろわからざるをえないだろう。なぜなら、それがわかるということが私が存在するとわかるということだからだ。それは、すでに知っている何かの一例であるのではなく、その現実存在と一例しかありえなさというその本質との結合が、それが何であるかを初めて（そしてこれを最後に once and for all）決定する。すでに「フィヒテの根源的洞察」との関連で提示したように、世界にはなぜかそのような特殊な存在者が存在している。

このとき重要なことは、その本質をそのように捉えたとき、同じく現実存在することを本質とせざるをえない（はずである）にもかかわらず、端的な現実においては現実存在していない（が端的さを外してある枠組みを設定すれば現実存在するとみなすことができるような）、それの「類例」が同時に想定可能になる、ということである。端的な〈今〉ではないその時点における〈今〉や、端的な〈私〉ではないその人における〈私〉、といったものがそれである。それは、端的に「これであるだけ」ではない、それにとっては「これであるだけ」のそれである。*

＊　この種のプロセスを経るのでなければ、一般化された第一人称である「私」概念や一般化された第一時制である「現在」概念はもとより、一般化された第一様相である「現実性」さえも、成立しようがないであろう。

もちろん実際には、たとえば〈今〉と〈私〉は（ともに実存を本質とするとはいえ）その本質においてまったく違う種類のものであるし*、話を〈私〉にかぎっても、身体的受肉を通じた同種性の認識なども介在しはするが、はるかに重要な問題はそこにではなく、実存が本質であるというその在り方そのものを本質化するということのほうにある。そうであるかぎりにおいて、同じことを逆から言うこともできることになるだろう。すなわち、そういう一般化された捉え方を前提にしたうえで、その中から（すなわちそれぞれ実存を本質とするはずのものの中から）唯一現実に実存するものの存在に驚く（「なんと、なぜか、これだけが現実に現実存在する！」と）ということが起こりうることになる。これはじつは、類例を想定する以前の（したがってまだ「その中から」ではなく、「現実」を二つ重ねる必要もない）最初の端的な存在の驚きとまったく同じ驚きなのではあるが、その二種の捉え方が合体するからこそ、それを捉えかつ驚くことができ、何に驚いているかを語りうることになるのである。

＊ なにしろ、一方は時間で他方は生き物なのだから。ただし、このことから〈今〉と〈私〉はじつは同じもの（の二つのあり方）にすぎない、と論じ進んでいくことはできる。

したがって、この存在論的驚きを驚きかつ語ることができるためには、「ものごとの理解の基本形式」の存在はすでに前提されているのでなければならない。そのうえで、それに収まらない（その形式では表現できない）在り方をしたものの存在に驚くことができるのであって、その逆に、何であるかがまったくわからない「ただ在るだけ」の何かから出発して、そこからその形式を（いわばゼロから）作り出そうとしても、それは無理な相談である。どちらも基礎的・根源的なものであるとはいえ、基礎性・根源性の意味はまるで違うからだ。＊

＊　本文のすぐ次の段落で述べることであるが、超越論的主観性は少なくともヨコ問題におけるその現実性が主題であるかぎりでは、超越論的カテゴリーとその源泉を異にしている。

すなわちこれは、言ってみれば、超越論的観念論のヨコ問題バージョンなのである。タテ問題の超越論的観念論はこう考える。中心性としての「私」が成立するためには、時間的に継起する諸々の経験を一つに纏める「自己意識」による統一が必要とされるが、それができるためには、経験そのものとは区別された経験の対象とそれが存在している客観的世界の存在が前提されねばならない（それらと関係づけられて初めて自己意識の統一は可能になるからだ）、と。対して、ヨコ問題バージョンはこう考える。現実性としての〈私〉が成立するためには、端的に与えられたこれが一体「何（の一例）であるか」を捉えることが必要となるが、それができるためには、ありえないはずのそれの類例（なぜならそれは類例のなき現実存在であることこそを本質的特徴としているのだから）の存在が（そのありえなさの意味理解をともなって）想定されねばならない（それらと関係づけられて初めて〈私〉の現実的存在が理解可能になるからだ）、と。前者が外界の存在の懐疑に対する超越論的解決だとすれば、後者は他我の存在の懐疑に対する超越論的解決であり、この二つは本質的には（主題領域の差異を差し引けば）同型であると見ることができる。前者の議論プロセスに暗に物理法則の存在が介在しているとすれば、後者の議論プロセスには暗に言語規則＊の存在が介在しているといえる。

＊　最初から人称や時制の仕組みの存在を前提にしてしまったのでは意味がない、ともし思われるなら、ある種の様相論理だけを前提にして、そこから時制論理や人称論理を導出し、そこから他者の〈私〉や他時点の〈今〉を導き出す、というやり方をとってもよい。ともあれ、重要なことは、何らかのそのようなものの介在が不可欠である、という点である。

しかし、ヨコ問題バージョンは出発点が平板な観念論ではないので、その議論の仕組みはタテ問題の観念論の場合よりもはるかに複雑であらざるをえない。タテ問題の観念論の場合は、著者と読者が同じく「自己意識」であることを前提にして（それと客観的外界との関係を論じるという仕方で）、平板に話を進めることができた。ヨコ問題の独在論の場合はそうはいかない。著者と読者の隔たりそれ自体が、平板な観念論の場合の自己意識と客観的世界の隔たりに対応するのであるから、その議論そのものの伝達可能性においてすでに、そこで論じられている問題がはたらいていざるをえないからである。すなわち、ここでは累進構造の介在が不可欠となるのだ。＊ 言い換えれば、その議論において現にはたらいている累進構造それ自体がまさにその議論によって「演繹」されねばならないわけである。

＊　この累進構造における最上段の突出と平板化の運動は、『存在と時間――哲学探究１』ではアキレスとカメの競争に喩えられている。

私と他者は本質的には同じ種類のもので、しかしそういう本質性とは別の側面において、私には在って他者には欠落している極めて重大な要素が現にあるのだが、そうであるにもかかわらず（いやむしろだからこそ）まさにその他者理解の内部において、欠落しているその当の要素をその他者もまた概念的には（すなわちその他者にとっての他者との関係において）持っていなければならない。すなわち、私と他者との現実的な差異と本質的に同じ種類の差異が他者とその他者にとっての他者のあいだにも概念的に反復されうるのでなければならない。私にあって他者に欠けている要素とはもちろん一方向的で無寄与的な成分なのであるから、他者もまた概念的には持つとされるそれもまたもちろん概念的に一方向的で無寄与的な成分である。それらは世界に対して無寄与な成分なのだから、世界メイトであるにすぎないわれわれが、それの存在や非存在を互いに確かめ合うといったことはもちろんできない。

「私秘性」という概念に含まれている矛盾

前節の冒頭で、私は「通常、Ａ系列とＢ系列のあいだの派生関係の問題として議論される問題は、……Ａ事実とＡ変化のあいだの派生関係の問題であり、……一般化するなら、現実性と中心性のあいだの派生関係の問題である」、と言った。しかし、そう捉えたならさらに、A変化からB関係の派生という問題もあることになるだろう。一般化するなら、中心性から（現実性や独在性のではなく）脱中心化されたまったき平板性の派生という問題である。

しかし、すでに述べたように、まったき平板性が中心性から作り出されるということはない。時間論用語で言えば、A事実・A変化・B関係はすべて連続的だが、C系列はそれらから断絶している（そして最もプリミティヴな意味ではつねに前提されているといえる）からだ。すでに述べたように、その二つは「その源泉を異にしている」のだ。

それでは、意識の私秘性はどうだろうか。すべての意識のある生き物がまったく平板に対等に存在するだけの世界は想定可能であり、そういう世界にも意識の私秘性という現象は、当然、ありうるように思われるだろう。そういう世界として、この世界の過去や未来を考えてもよいのだが、その世界はすでにして（これを読んでいるすべての人にとって）〈私〉が存在してしまった世界（の過去や未来）なのだからもう駄目であると言われるなら、そういう〈私〉が一度も生まれない世界を想定してもよい。それでも現在の自分が想定しているのだからやはり駄目だと言われる場合には、そこには独在的な世界解釈と平板な世界解釈との最終的な対立がある形であらわれており、それはまさにこれから論じたいことに由来する問題なので、とりあえずは常識的に、諸意識が対等に併存するだけの世界もふつうにありえて、そこにも当然、意識の私秘性はありうるだろう、と考えるところから出発してもらわなければならない。

さてそこで、問題を素朴に提示すればこうなるだろう。人はみな自分の心の中は見えるが他人の心の中は見えない。自分が痛かったり悲しかったり思い出していたり欲していたりすればそうとわかるが、他人がそうしていてもわからない。言葉で説明してもらえばわかるが、いくら説明してもらっても、人が感じている感覚・感情そのものは感じられないので、そのありのままの姿をつかむことは決してできない。

こういう事実があることはだれも否定しないだろうが、それはしかし、たんなる経験的事実にすぎない、と思われるであろう。経験的事実であるとは、人間の生物としてのあり方がそのような事実を作り出しているのであって、人間の生物としてのあり方が違っていれば、あるいは生物というもののあり方そのものが違っていれば、複数の意識があってもそれらが互いに私秘的な関係にあるとはかぎらない、という意味である。したがって、そういう場合を想定してみることができる（後にいくつか例を出す）、という意味である。

ところで通常、哲学においてはそう考えられていない。私秘性は意識という概念そのものの本質に属しており、複数の意識があるのにそれらが互いに私秘的な関係にないケースは、独身者が結婚しているケースを考えることもできないように、考えることもできないとされることが多い。つまり、もし互いに私秘的な関係にないのであれば複数ではないわけである。われわれがかりにもし他者と神経を繋がれて、他者の感覚を感じられるようになったとしても、他者の感覚と自分の感覚は二つの別のものであって、それらを比較照合する方法はありえないのだから、意識の私秘性がなくなることはありえない。これは経験的な事実問題ではなく概念的な（「意識」や「感覚」等の概念の意味に属する）事柄なのだから、関連諸科学のいかなる進歩を想定しても、他人の意識状態が感じられるようにはなることは、独身者が結婚していることがありえないように、ありえないのである。

これから私が論じたいことは、かりにこれがそのとおりであって、意識の私秘性はアプリオリな意味上の真理であるとしても、言葉の意味というものはけっして最終審級ではない、ということである。言葉の意味にもまたその成立の秘密があるのだ。

この問題をもう少し緻密に考察するために、記憶の場合と比較してみよう。私は先日、眼科で瞳孔を開く目薬を点眼され、その後数時間のあいだ、世界がいつもより少し青っぽくより美しく感じられた（いつもはもっと黄色っぽい）。さて、この比較は記憶に基づいている。そして、他の事情が介在しないかぎり、われわれは通常、この種の記憶を疑わない。今見えている世界の色と過去に見えていたそれとを、その記憶に基づいて、疑うことなく比較している。同様にして、昨日食べたカレーの味と今食べているそれとを比較することなども問題なくしている。そこを本気で疑えば非常に多くのことが失われるだろう。

とはいえしかし、諸意識間に意識の私秘性という関係があるのであれば、同一の意識の諸時点間に意識の今秘性という関係があると考えるのが当然なのではなかろうか。いま思い出しているそのとき味わった味とそのとき味わった味そのものとを比較照合する方法はやはりありえないからである。そこに記憶という現象が存在するということは、自他の場合でいえば、生物学的事情が少し変わって、他人の感覚や感情が（記憶がそうであるという意味において）直接感じられるようになった、ということに相当するだろう。そうであっても、意識の私秘性は存在するのであった。

しかし、通常、同一の意識に諸時点間の今秘性があるとは考えられてはいない。これは不思議なことである。これは、意識の私秘性という考えがじつのところは必ずしもアプリオリな理由に基づくものではないのではないか、と疑わせるに十分である。もし自他間にも記憶に対応するような直接的認知方法が存在し、それが実際に使われていたなら、その場合、意識の私秘性は主張されないのではあるまいか。

過去の体験と現在の体験との比較と、自己の体験と他者の体験の比較との違いは、後者には事実として記憶に対応するような直接的表象の方途がないという点だけである。われわれは過去に味わった味を今直接（そのクオリアそのものを）表象することができるにもかかわらず、他人がいま味わっている味を直接（そのクオリアそのものを）表象することができない。これは経験的（生物学的）事実である。それでは、もし自他のあいだにも記憶と同じような認知方法が存在したらどうであろうか。たとえば、至近距離に近づくとその人の感じていることや思っていることがありありとわかる、というように。[*] 自他の場合は、相互的な言語描写によってその一致をさらに確かめあうというステップも踏めるので、記憶の場合よりも確度が高くなるともいえるだろう。

＊　ところで、どんな激辛カレーの味（のクオリア）を思い出しても（かりに細部まで精確に思い出せるとしても）辛く感じはしない。過去に感じた激痛のクオリアを細部まで思い出せても、思い出した時に痛く感じるわけではない。この点を考慮に入れると、この想定の場合も、至近距離に近づくと実際に他者が感じているままに感じるという必要は必ずしもないことになる。しかし、たとえば他者が右膝に痛みを感じているならば、近づくとその右膝にその痛みそのものを実際に感じる、と想定してもかまわない。

とはいえもちろん、たとえそのうえ言語描写が一致したとしても、その他者が膝に感じている痛みと自分がその膝に感じている痛みとを比較照合する方法は存在しないのだから、それが同じか違うかはどこまでもわからないとはいえる。しかしもし、このやり方が日常的に齟齬なく通用している状況では、そのようにして二人が「同じ」感覚を感じることは当然のこととなり、それを前提として（医療行為を始めとして）さまざまなことが為されるようになるだろう。そこでは「同じ」の新たな意味が成立しているともいえる。＊

＊　この場合、もし互いの言語描写が一致しなかったなら、感じている内容の一致を前提として言語の意味理解のほうが修正される可能性もあるだろう。もちろん逆に、言語の意味理解のほうの一致を前提にして感じている内容の不一致が推定され、どちらかの（または両者の）病変が疑われる可能性もある。

繰り返して確認してきたように、そのような場合にもやはり、通常の自他間や記憶の場合と同様、二つの感覚を比較照合することは決してできない。もし私にそれができるなら、二つとも私が感じている感覚であるほかはない。この事実には、たとえ日常的に右に述べたような齟齬なきその使用法が確立していても、やはり何かしらいわば形而上学的な意味が残りつづけるように感じられるだろう。なお残るこの感じには重要な意味がある。しかし、その正体は何か。

それは、記憶の場合でいえば、現に今味わっている味を感じるのも過去に味わった味を思い出すのもともに現在であるほかはない、という事実である。自他間の場合でいえば、私自身の感覚を感じるのも他人の感覚を感じるのも私自身であるほかはない、という事実である。しかしこれらはいずれも、時間論用語でいえばA系列的な表現である。これをB系列的な表現で言い換えればそれぞれ以下のようになるだろう。記憶の場合でいえば、ある時点で味わっている味を感じるのもそれ以前に味わった味を思い出すのも、ともにそのある時点においてでしかありえない、という事実である。自他間の場合でいえば、ある人がその人自身の感覚を感じるのも別の人の感覚を感じるのもそのある人自身であるほかはない、という事実である。

後者のB系列的な表現方法のほうは、世界を諸主体が並列するだけの平板な世界とみなし、その世界に起こることを外から眺めている。このように捉えられた場合、ある人がその人自身の感覚を感じるのも別の人の感覚を感じるのもそのある人自身であるほかはない、とは要するに、あるものがすることはそのもの自身に対することでも別のものに対することでもそのあるものがすることでしかありえない、というあたりまえのことを言っているにすぎず、それ以上の意味を付加することはできないだろう。そこに意識という特殊なものがおこなう表象するという特殊な事実が付け加わるとしても、事情を変えることはできまい。すなわち、あるものが何かを表象するということはそのもの自身を表象するのであろうと別のものを表象するのであろうとそのあるものがすることでしかありえない、というあたりまえのことを言っていることにしかならない。

そこに、先に形而上学的と形容した要素が付け加わるためには、事態をA系列用語で描写せざるをえない。しかし、そのとき付け加わるものは何であろうか。それは、たとえ（前節で述べたような意味で）すでに概念化されたそれではあっても、独在性という事実に由来する成分であるほかはない。「意識」とか「感覚」とか「体験」とかいった概念には、独在性に由来する意味を持たせないかぎり、形而上学的な意味を持ったアプリオリな私秘性などを付与することはそもそもできない。言語的意味そのものに、この本来一方向的で無寄与的な事実が反映していることは驚くべきことだと思われるかもしれない。だが、けっしてそうではないのだ。なぜなら、前節でも述べた事情によって、独在性は、もちろん端的な生《なま》の事実でもあらざるをえないとはいえ、すでに概念化されたいわば客観的な事実でもあらざるをえないからである。概念化されたそれが言語的意味の内部に入り込むことは決して不思議なことではない。*

＊　しかし、ある時期のウィトゲンシュタインがそう考えたでもあろうように、アプリオリな意識の私秘性を言葉の意味に由来する問題だと考えるべきではない。私秘性はむしろあからさまに、彼が否定した形而上学的問題であって、それが言語的意味にまで浸透していると考えるべきなのである。

独在性（現実的な中心性）のポイントは「これしかなさ」にある。それゆえ、「あるものが何かを表象するということは、そのもの自身を表象するのであろうと別のものを表象するのであろうと、そのあるものがすることでしかありえない」というあたりまえのことに付け加わる事実は、「そして現実にはなぜか、そのあるもののする表象しか存在しない」という事実である。これは、前節で述べたように、端的な絶対的事実である場合もあれば、また概念化された相対的事実である場合もある。とはいえ、その源泉はあくまでも一方向的で無寄与的な事実なのであるから、客観的に見てどこかにそのような「それしかない」特殊なものが実在しているというわけではない。にもかかわらず、この事実に基づくのでなければおよそ自己を識別するということもできないのであるから、これもまたある仕方でわれわれの客観的世界の成り立ちに固く組み込まれているともいえるのである。

一見したところでは、独在性などとは無関係に、平板な場所に並列的に並ぶそれぞれの意識や時点に、それぞれ私秘性や今秘性を付与することもできるように思えるであろう。並列的に存在する、それぞれ中を覗けない複数の箱のように、である。しかし、アプリオリなものとして理解された私秘性を、そのように理解することはじつはできない。このことは、B系列の「以前‐以後」関係もまたA変化に由来する「過去‐未来」関係をもとにしてしか理解できず、さらにそのA変化は端的なA事実（すなわち端的な現在）の存在を内部に組み込まなければ成立しがたい、という連関と同型である。B系列といえども、時間であるかぎりは、じつは端的なA事実にその遠い源泉をもつのだ。

独在性に由来する連関の問題がここに入り込むのでなければ、どのような想定をしても異なる二人の意識状態は比較照合できない（同じか違うのかけっしてわからない）のであればむしろ、他の事情によって同じだと見なせるのなら同じだと見なしてしまって何の問題もないはずではないか。話はそれで終わりで、その比較照合できなさに何かしら深い意味があるように思えるなどということは起こりようもないはずである。

意識の私秘性という問題にはじつは、経験的事実としてそれぞれ他の箱の中を覗くことができないという種類の問題と、箱はじつは並列的に存在してはおらず、なぜか一つだけいわば裏返されており、すべてがその「中」にある、という種類の問題とが、一つの問題に統合されているのである。*私秘性という概念には本質的に異なる二種の世界像が混在している。これを「矛盾」と呼ぶこともでき、その場合、それはマクタガートの言う時間の矛盾と（現れ方は異なるとはいえ）問題の根は同じである。哲学的に重要なことは、そこに同じ問題を見て取ることである。私秘性がその本質的要素に含まれると見なされるかぎり、意識、感覚、体験、……等々のすべての概念に、これと同じことがいえるはずである。それらはみな、寄与成分と無寄与成分の混成体だからだ。

＊　後者は、私が『なぜ意識は実在しないのか』（岩波書店）で使った比喩である。そこでは言われていないが、この問題には、その「一つだけ性」がどの箱を取っても——概念的には——成り立つのでなければならない（もしそうでなければそもそも内側のある「箱」になれない）という問題が付け加わるのである。

最後に二つの蛇足

独在性の問題ぬきに経験的事実だけからなる私秘性ということを、じつはわれわれは想定する能力がない。私秘性という事態を客観的に想定する能力自体がじつはないのだ。現実には唯一の実例であるものが、ここにあって、その事実を累進的に適用することによって（結果的におのれ自身をその一例と見なすことによって）しか、その事態の意味は理解できない。

だが、おそらくはその逆に、経験的事実による支えのないたんなる独在性ということのほうは考えられるであろう。これは、きわめて単純に表現するなら、すべての他人の心がいわば丸見えで、すべてが（ありありと思い出せるのと同じように）ありありと感じられ、その意味では完全な間主観性が成立していても、〈私〉は存在しうるだろう、というようなことである。そこでは、たとえば以前に問題にした、世界の事実にまったく無寄与な、たんなる自己識別指標としての自由意志――それは私秘性 vs. 公共性の埒外にある――が最終的な効力を発揮することになるだろう。

もう一つ。〈今〉や〈私〉はなぜ一つしかありえないのだろうか。その理由は世界の独在論的存在構造が与えているだろう。現実にもそうであると同時に概念的にもそうである（すなわちある世界をただ構想するだけでもその世界はそういう構造を具備している）理由は、前節の議論が与えるだろう。しかし、われわれが理解する時間が存在するかぎり〈今〉があると考えざるをえないが、生き物が存在するかぎり〈私〉が存在すると考えざるをえないわけではないだろう。とすれば、この違いは何に由来するのだろうか。その理由は、時間が（マクタガートも言うように）本質的に独在論的に（つまりA事実を含んだかたちで）しか考えられないのに対して、人間世界は非独在論的に（つまりまったくのっぺりと平板に）存在することもできる（というように構成されている）からである。つまり、後者においては、二種の世界像が文字どおりただ併存しているのだ。時間の場合は、C系列といえどもA系列やB系列に依存せずには時間的意味を持って存在することはできないが、人間世界にかんしてはC系列に対応するような完全な非独在的なあり方が（少なくともそういう捉え方が）問題なく可能でありかつ不可欠なのである。

いや、不可欠ではないどころか可能でさえない、という主張もありえよう。前節の第三段落

（二五八頁）ではそのような主張がなされていた。世界というものは必然的に《私》から開かれるものであり、この世界もまた、現にもう、ほら、〈私〉から開かれてしまっている――これはだれにとってもそうであるともいえる――のだから。

この世界像は、世界にもしたんなる物体というものが存在しなければ、そしてわれわれもまたたんなる物体の一種であるという側面を持たなかったなら、時間の場合と同様に、全面的に真理であったかもしれない。現状ではしかし、それは一面の真理でしかない。とはいえ、一面の真理ではあらざるをえないのだ。

付論

自我、真我、無我について

――「気づき(サティ、マインドフルネス)」はいかにして可能か

はじめに

私は最近出版された翻訳書、マクタガート『時間の非実在性』(講談社学術文庫)の「付論」のなかで、場違いにもこんなことを書いている。ここで引用したほうがはるかに場違いでなくなるだろうから、まずはそれを引用しよう。

個々の心的現象が生滅しているだけで、不変の自我などというものは存在しない、という教説を無我説と呼ぼう。無我説はもちろんだれの自我にでもあてはまる。だから、当然のことながら、私の自我にも他人の自我にもあてはまる。だが、それは、私の自我と他人の自我にまったく同様にあてはまるのであるから、他人の自我と対立する私の自我の、「自我」の

ほうではなく「私の」ほうが何であるか、この差異が何であるかには、少しも触れていない。
（二四七頁）

今回、本誌*への長文の執筆依頼を受けたとき、私は、この問題にかんする私の考えはきわめて簡単で、ほんの数枚で書けてしまうのでそんなに長くは書けない、とお答えした。しかし、実を言えば、数枚どころか、右に引用したことが私の言いたいことのすべてなのである。

＊　初出誌『サンガジャパン』二六号（特集「無我」、サンガ、二〇一七年四月）を指す。

おそらくはすぐに気づかれるであろうように、この引用文はとくに仏教の無我説を批判しているわけではない。なぜなら、もしこれが何かの批判であるとすれば、それはだれにでも確固たる自我があるという主張にも同じくあてはまるからである。どちらにしても、そのような問題の立て方自体が——すなわち自我というものをだれもが持っていたりあるいは持っていなかったりするという発想それ自体が——、最初から問題の本質を取り逃がした、誤解に基づく間違った問題設定である、と言っているわけである。ポイントはむしろこの「だれも」にあるのであって、主張内容の如何にかかわらず、この場面で「だれも」にとっての一般論が成り立ちうると信じて疑わない時点で、すでにして問題の意味を理解していない、というのが私の言いたいことである。

とはいえもちろん、これだけでは短すぎるだろうし、そもそも何を言っているのかわからないという方もおられるであろうから、以下では、私のこの見解を多少敷衍《ふえん》することにしたい。しかし、ひょっとすると、それだけでは別に仏教とは関係ない話だ、と思われる方もおられるであろうから、まずは仏教の無我説そのものの無意味さについても、一応は指摘しておくことにしたい。結果として、もしかすると、無我説が本当に言いたかったことは私が言いたいことと重なる可能性が垣間見えるかもしれない。とはいえ私は、それを主張するつもりはまったくない。なぜなら、そうであろうとそうでなかろうと、私にとって重要な意味を持つ、私の議論の内容自体には何の影響も与えないからである。

仏教の無我説の無意味さ

仏教の無我説もまた、さまざまに説かれている。そのなかには、ごく普通の意味でほとんど意味をなさないものもあるので、まず最初に、もっぱら批判的な視点から、そういうほとんど意味をなさない主張をいくつか紹介し、どう意味をなさないかを指摘してみたい。頭をクリアにするためには、このような前段階も必要であると思うからである。その道すがら、真の問題の所在を指摘していくことにする。手近なところに現実に存在するものだが、類型的でもあるので、典拠はいちいち挙げず、文章も趣旨を伝えるのみで正確な引用ではない。

①死後も永続する永遠不滅の「自我」というような実体は存在しない。

このようなことがしばしば強調されるが、これを聞いて（読んで）最初に思うことは、しかしいったいだれが「死後も永続する永遠不滅の自我という実体が存在する」などと言っているのか、ということである。少なくとも、現代の日本でそんな主張が表立って語られるのを聞いた（読んだ）ことはないし、心ひそかにそう信じている人もあまりいそうもないように思う。現代の日本では、特殊な信仰を持っている人を除けば、かなり多くの人が死んだら終わり、死後には何もない、と信じているだろう。そして、そのこと（自分が死んで、以後、永遠の無の状態が実現すること）をとても恐れている人が多い。いま仏教が、この日本において、おのれの存在価値を説くのであれば、そういう人を相手に何かを説かねばならないだろう。（後に述べる理由から、それはかなり難しい仕事になるだろう。）

日本においては、仏教やその他の宗教に限らず、ほとんどの思想が海外からの輸入品なので、それが輸入されるとき、もともと日本には存在しないような対立図式そのものが輸入されてしまうことが多い。その対立図式の存在が前提されたうえで、一方が批判されて他方が主張されるわけである。現代哲学の例を一つ挙げるなら、しばしば「基礎づけ主義」というものが批判されており、その思潮はそのまま日本に輸入されている。しかし、もともと日本には基礎づけ主義者と言えるような人がいなかったので、この批判がだれに対して何を主張しているのか、そもそも主張する意味があるのか、じつは判然としない。それでも基礎づけ主義批判者は基礎づけ主義なるものがいまや乗り越えられねばならない第一のものであるかのように主張する。仏教の無我論にもこれと似た一面があるのは否みがたい。それは明らかに、古代インドにおけるバラモン教との対立関係から生まれた批判的主張であり、おそらくはそうであるにすぎないからだ。現代の日本においてそれを声高に主張することには、じつのところは何の意味もないだろう。

以上のような論点とともに、多少分析的な論点も付け加えておきたい。もし、「死後も永続する永遠不滅の「自我」というような実体は存在しない」と主張するなら、死後には滅するような永遠不滅ではない自我はどうか、と問わねばならない。もしそれもありえないのであれば、「死後も永続する永遠不滅の」は論点に関係していないのでこの議論から除去すべきである。

同じことは「実体」についてもいえる。しばしば「自我という実体は存在しない」とか「実体としての自我は存在しない」などと主張されるが、もしそうであるならば、では実体ではないような自我ならば存在するのか、と問わねばならず、「永遠不滅」の場合と同様、もしそれもまたありえないのであれば、実体性は論点に関係していないのでこの議論から除去されねばならない。またもし逆に、自我は実体であるがゆえに、実体であるかぎりにおいて、存在できないのであれば、主張点は「実体は存在しない」に移行し、したがって論じるべき主題は「そもそも実体とは何か」に移るであろう。その場合、しかし、「実体」は文法的-論理的な概念であるから、どんな世界観をとるにせよ、その世界を主語-述語形式をそなえた言語で捉えて語る以上、「実体-属性」という形式の存在は前提せざるをえないのではないか、という問題を避けて通ることはできないだろう。（この論点は、「無常」は語りうるか、という問題にも形を変えて反復するだろう。）

②「私」とか「自分」といったものは、そもそも錯覚あるいは幻想であって、じつは心を構成しているさまざまな要素が生滅（生じたり滅したり）を繰り返しているにすぎない。

要素の種類の違いにもかかわらず、そのあり方を生滅（生じては滅する）という同一の形式の繰り返しとして捉えることができるなら、そこには事態を捉えるための一定の形式が働いており、少なくともその捉え方の形式とそれを捉える作用は常に働いている、と考えざるをえない。たとえば、「滅する」と捉えられている以上、万が一滅しない何かが生じた場合、そのように（つまり「おお、滅しない！」と）捉えることができるのでなければならない（そういう捉え方の枠組みが働いているのでなければならない）ということである。

そこにはまた、時間的前後関係や空間的位置関係、さらに概念的包摂関係等々の存在も前提されているであろう。その種のことが可能でなければ、そもそもそこに生滅という同一の形式が繰り返されていることを認知することはできないだろうからである。

生じて滅するその何かは、言語的に「これ」として把握でき、生じたそれが滅すると捉えられているのであるから、生滅するそれは文法的-論理的には「実体」である。すなわち、ここでも

「実体‐属性」図式は外すことができない。実体であるそれが、それとして捉えられる以上、それはおそらくはまた何らかの属性（「それ」が「あれ」から区別されるような）を持ち、そのうえどれも共通に「生じては滅する」という属性を法則的に持つ、とされていることになるだろう。

そういう形式を当てはめて、現に何が起こっているかを捉える働きを「統覚」と呼ぶなら、生滅という同一の形式が繰り返されていると捉えられている以上、そこに統覚の作用が働いていることは否定しようがない。そうでなければ、何かが生じてそれが滅するという形式を（その内容とは独立に）捉えるなどという高度な働きは成り立ちようもないからである。だからもし、この統覚の働きのことを自我の働きと呼ぶなら、その実在は否定しようもない。生滅が繰り返すと捉えられているということ自体がその存在を示しているからである。

仏教の無我の教説にとって不利に見えるこの事態から、後ほど私はその教説を――バラモン教の真我の教説とともに！――救い出して擁護する道筋を見出したいと思っている。私見では、無我も真我もその道筋以外に救い出す方法が――それどころかその意味を理解する方法も――ない。

③「自分」はじつは五蘊（色受想行識）からできており、五蘊はどれもつねに変化している（無常である）から、永遠不滅の確固たる自分はない。

これは②と同じことである。五蘊の内容はもちろん変わるが、五蘊という仕組みそのものは変わらないのであれば、むしろ永遠（とは言えないにしても少なくとも）不変の形式が存在していることにはなる。つまり、変化しない形式の存在を前提していることになるが、あらゆる変化は変化しない枠組みの存在を前提にしてのみ変化であるといえるのだから、これは当然のことにすぎない。

そのうえ、こういえるであろう。この世界には、数え切れないほどの五蘊が存在しているはずだが、そのうち実際に感じられるのは一組だけである。そして実際に感じられるその一組が、すなわち私である。私が存在するとは、実際に感じられるそれが存在しているということである。すなわち、その「実際に」が私なのである。他の五蘊は、私ではなく他人である。

ということはつまり、私は五蘊の集まりにすぎないにもかかわらず、私とは五蘊の集まりのことではない、ということである。これは、犬は動物であるが犬とは動物のことではないのと同様、論理的にはたんに自明のことにすぎない。理由はたんに、犬でない動物も存在するから、というだけのことである。同様に、私ではない五蘊の集まりも存在する（つまり、なんと他人という摩訶不思議なものが存在する！）のであるから、私とは五蘊の集まりのことではない、ということになるわけだ。

さて、それでは、いったい何がその五蘊の集まりを（そしてそれだけを）私たらしめているのであろうか。すなわち、なぜか一つだけ実際に感じられるこの「実際」性は何に由来するのか。この問いへの答えがどうであれ、ともあれ、この問いこそが、「私」や「自分」を問題にする唯一の正当な起点であり、この起点を見過ごしてしまえば、最初から問題を捉えそこなっていると言われても仕方がないであろう。そして、ここを問うことこそが、先ほど後ほど救い出すと言った無我説擁護の唯一の道筋なのである。

この問題は、五蘊ではなく、たとえば六根（眼・耳・鼻・舌・身・意）による六識（眼識・耳識・鼻識・舌識・身識・意識）で考えても同じことである。こうした感覚器官に与えられる内容はもちろん変化するが、六根・六識というこの仕組みは変わらず、変化のとりうる形式も不変である。基本的に、無常どころか同じ種類のことが、それもかなりの規則性と法則性をもって、繰り返し起こるはずである。もしまったく無常であったら、そもそも認識が成り立たないだろうから、どういうことが起こっているかを捉えることができている以上、これもまた自明なことだといわざるをえない。

そのうえで、やはりこう言える。この世界には数え切れないほどの六識が存在するが、私はその一つにすぎない。なぜ<u>この</u>六識だけが実際に感じられ、他の六識は感じられないのか。その差異を説明するために登場するのが、「私」や「自己」という概念である。起点におけるこの差異を取り逃がしてしまえば、すでにして問題は逸せられているといわざるをえない。

④もし「私」が存在するなら、「ここにある」と捉えることができるはずだ。しかし実際には、体のなかや心のなかをくまなく探しても、どこにも「私」は見つからない。自分が自

分を思うときはいつも自分がいるが、自分のことを思わないときには自分はいないのに、人々はその間にも「私」が存在すると思い込んでしまっている。

しかし、そもそも、「私」は対象ではなく主体なので、対象として「ここにある」という形式で捉えることはできない。その理由は二つの仕方で（じつは同じことだが）言うことができる。①もしそう捉えられたなら、それは主体ではなく客体なので、必然的に「私」ではないから。②もしそう捉えられたなら、捉えているその主体の側が「私」であるから。したがって、体のなかや心のなかを探しても、どこにも「私」が見つからないのは、たんにあたりまえのことにすぎない。「私」がそのような対象的な仕方で存在することはありえない。

一般に、何かがあるかないかを論じるためには、まずはその存在性格を精確に捉える必要がある。つまり、あるとすればどのようにあるのか（すなわち何が言えればあると言えるのか）、ないとすればどのようにないのか（すなわち何が言えればないと言えるのか）、がまずは検討されねばならない。これはべつに「私」についてだけ言えることではない。「あなた」や「今年」や「壊れやすさ」や「整合性」や「権限」や……、についても同じことが言える。こうしたものはみな存在したり存在しなかったりできるが、それぞれ別の理由によって、「ボールペン」や「寿司屋」や「河川」のようには、「ここにある」という仕方で捉えることはできない。（ちなみに、最初の「あなた」の場合、「あなたはここにいる」と捉えたなら、捉えられた側の人は「はい、私はここにいます」

と言うであろう。）あるかないかを論じる以前に、まずはその存在性格を検討し、何が言えれば「ある」と言え、何が言えれば「ない」と言えるかが、まずは検討されねばならないのである。

以上の四つに共通して言えることは、仏教系の著述家の方々の語り口は、常日頃執着を戒めておられるにもかかわらず、自らの信じる教説への執着が強すぎて、検討可能な開かれた形で述べられていないことが多い、ということである。少なくとも次の三つのことを分けて論じてもらいたい、と私はいつも思う。①仏陀はどう言ったか（その後の仏教ではどう考えられたか）、②それは妥当な根拠に基づいた正当な主張であると（なぜ）いえるか、③自分自身は何を（いかなる根拠で）信じているか。

私が最近読んだ一般向けの著作の中では、この著述モラルに適合していると認められるのは、魚川祐司氏の諸著作だけである。魚川氏の見解はもっぱら文献学的なもので、少なくともパーリ語の原典に基づくかぎり仏陀は何を言ったか、という点に限定されており、それが客観的真理であるかどうか、ご自身がそれを信じているかどうかは、その説明から切り離されている。

（ここでの議論の筋とは関係ないことだが、一言付け加えておく。私が今ここで書いているような、古典文献等の何らかの外的根拠に基づくのではないような議論において、著者はその主張内容が妥当な内的根拠に基づいた正当な主張だと言っているはずであるから、当然、著者自身はその内容を信じているはずだ、と思われるかもしれない。これについては、そうであるという見解もありうるが、私自身はそれもまた切り離すべきだと考えている。すなわち、著者がそれを信じているとしても、それはあくまでも議論の誤りのなさと相関的にであって、訂正されればいつでも手放せる用意とともにでなければならない、と。私はここで議論 argument を提示しているのであって、信念 belief を語っているのではない。)

というわけで、一般に紹介・解説されている無我説の検討の最後に、魚川氏の『だから仏教は面白い!』(講談社+α文庫)の説明を取り上げることにする。そこでは、仏陀が否定しているのは、「常一主宰の実体我」だとされており、「主宰」とはコントロールする権能だと説明されている。すなわち、仏陀の教えは、じつは自分をコントロールすることなどできないから無我なのだ、という教えであることになる。

これは穏当で妥当な見解で、しかも、自分は自分をコントロールする能力がないな、と思っている人は多いであろうから、むしろたやすく受け入れられるであろう。教説としての難点は、むしろたやすく受け入れられすぎて有難味が少ない、という点かもしれない。そんなこと仏陀に言われなくても知っているよ、と思う人も多いであろう。おそらく、このように解釈された場合の仏陀の教説も、やはり古代インドにおけるバラモン教のそれとの対立関係から生じていて、現代の日本でそのまま主張しても、さほどの意味がない可能性があるわけである。

続けて魚川氏は、輪廻について説明しているので、これについても少し触れておきたい。ともあれ仏陀がその存在を認めているということが魚川氏の中心的な論点であるが、その点に問題はない（私などが口を出しうる領域でもない）。ただしかし、そこに紹介されているかぎりでのその輪廻説が意味のある主張であるとはやはり思えなかった。別の主体に生まれ変わる際に「その潜在的なエネルギーをきちんと引き継いでいる」（一七四-五頁）と言われているが、どうしてそんなことができるのかの説明はなく、とらわれぬ目で見れば、たんに馬鹿げた主張であるとしか言いようがない。仏陀に馬鹿げたことを言ってほしくないと思う人が、彼はそんなことは言っていない「はずだ」と言いたくなるのもやむをえない。とはいえ、仏陀といえども古代人なのだから、今日の知見から見れば馬鹿げた見解を信じていたとしても驚くにはあたらない（自らの立つ大地がじつは惑星で太陽の周りを回っているなどとは夢にも思っていなかっただろう）。魚川氏もその章の最後に言われるように、仏教の方法で修行しようとしているからといって、仏陀が言っていることをすべて受け入れる必要がないのは当然のことと思う。

この点について、もうひとこと付け加えるなら、もし仏教の本質が輪廻の存在を前提にしたうえでそこから脱するための方法を解くものであるとすれば、現代日本の多くの人々にとって、それは次の二つの点で無意味なものであろう。第一に、輪廻という発想自体が馬鹿げた、信じがたいものであるうえに、第二に、もしそんな信じがたいことが真実であるとすれば、なぜそこから脱するための修行などが必要なのか、さっぱりわからないであろうからである。現代日本のかなり多くの人は、死によって自分の存在が終結することを恐れているので、もし輪廻が真実であるなら、そこから脱したいと思うどころか、ぜひとも永遠に輪廻し続けたいと願うであろう。

したがって、仏教がなおも意味を持つためには、この前提そのものを廃棄したほうがよいだろう。たとえば現代においてもプラトニストはたくさんいるが、プラトンの言ったことのすべてを信じている人などはまずいない。プラトン思想の核の部分（だと自分が見なす部分）を取り出して、それ以外の部分を大胆に切り捨てるのは当然のことで、それが真にプラトンを生かす道である（とプラトニストならだれでも思っているだろう）。したがって、じつに多様なプラトニストが存在することになる。ブッディストも同じことであり、同じことであるべきなのだ。

無我説の真の意味

先ほど私は、仏教の無我説にとって不利に見えるこの事態からそれを救い出して擁護する道筋を見出したい、と言った。そろそろこの約束を実行に移したいが、最初の一歩はもうすでに踏み出されている。③の五蘊について論じた個所で、「この世界には、数え切れないほどの五蘊が存在しているはずだが、そのうち実際に感じられるのは一組だけである。そして、実際に感じられるその一組が、すなわち私である。」と言ったときに、である。

続けて私は、「その「実際に」が私なのである」と書いているが、次の一歩はこの「実際に」の意味するところを明らかにすることである。これは私であるその人間が持つ（他の人間が持たない）一つの属性で、それがあることによって私はその人を私であると（私でない人たちから）識別できているのであろうか。そうではないのだ。私は私が持つ属性によって（私でない人たちから）識別することはできない。

かりに私が極めてユニークな人間で、たとえば他のだれも感じていない非常に特殊な感覚を常に感じているとしよう。たとえそうであっても、私は私をその感覚を感じているという事実によって（他の人々から）識別することはできない。このことは感覚についてだけ言えるのではなく、あらゆることについて言える。たとえどんなに独自の経歴を持っていようと、またどんなに特殊な問題を抱えていようと、それを持っているということによって、それだからこの人は私だ、と判別することは決してできない。

理由は簡単で、私が私を（他の人から）識別する際に、自分の持つ独自の（＝他の人とは異なる）属性をいっさい使わないし、使うことはできないからである。使われるのは、そうした自分の中身ではなく、とにかく（＝その内容とは関係なく）実際に感じている、ということであり、それだけである。だから、私は他のだれも感じていないきわめて特殊なその感覚を感じなくなって、きわめて平凡な感覚しか感じなくなったとしても、それを実際に感じているならば――つまりそもそも感じているならば――それが私なのである。もっと端的に言えば、そもそもそれしか存在しないから、それが私なのである。存在するそれが何であるかは関係ないのだ。すなわち、私には本質（＝何であるか）がなく、ただ実存（＝それが在る）だけがあるわけである。

さて、ここで、次のような高次の疑問が生じるはずだ。もしそうだとすれば、だれでも自分を

（自分以外の人から）識別する際にはそのようにしているはずである。すなわち、だれでも自分を「その内容には関係なく、ともあれ実際に感じる」ということによって、もっとはっきり言えば、「そもそもそれしか存在しない」ということによって、識別しているはずである。だれでもがそうしているのであれば、そのだれでものうちから、私はどうやって私を識別できているのか。これが高次の疑問である。

　このように語ると、何かとても難しい問題を提出しているように思われるかもしれないが、これは単純な事実だけを前提にして、単純に出てくる単純な疑問である。だれでも右に述べたような仕方で自分を（他の人々から）識別していることは疑いえない。もしそうでなければ（すなわちその人のもつ特性の違いによって識別しているなら）、他人どうしを見間違えることがあるように、他人を自分と捉え間違えるということも起こりうるはずだが、そういうことは決して起こらないのだから。しかし、だれもがそうしているのであれば、そのだれもたちのうちから、私は私をどうやって識別できているのか。この疑問が残らざるをえないのである。ここではもはや、私である人間のもつ固有の属性を使うことができないのはもちろん、そうした内容には関係なくともあれ実際に感じているということもまた使えないのだ。だれでもそうしているのだから。（ここでこの問題を頭で理解するだけでなく、自ら実感して、ある驚きを感じてもらいたい。）

　さて、この問いを探求する前に、この段階で確認しておくべきことがある。ここで「だれでも自分を……」という形で「自分」という語が出てきているが、これはいわゆる自己意識あるいは反省意識と呼ばれるもので、通常（とは仏教業界以外の世界ではという意味だが）、「私」とか「自己」とか「自我」といったものが問題にされるとき、それはこの反省的自己意識の働きと同一視されるのが普通なのである。非常に興味深いことに、自我や自己について語られることが多いにかかわらず、仏教業界においてはこの（最もポピュラーな）捉え方がなされることがほとんどない。

しかし、さらに興味深い事実は、それだからといってこのような反省的自己意識の働きがまったく無視されているのかといえば、むしろその逆である、という事実である。本誌をお読みの方ならだれでもご存知であると思われる「気づき（サティ、マインドフルネス）」のことを思い出していただきたい。あれは、明白に反省的自己意識の働きであって、少なくともその一種であることは疑う余地がない。すなわち、無我を説く仏教が（通常はそれこそが自我の働きであるとされる）反省的自己意識の働きをきわめて重視しているのである。逆に言えば、仏教においては否定的に見られている、「気づき（サティ、マインドフルネス）」が欠けている放逸状態（いわゆるモンキーマインドの状態）が、むしろ典型的な「無我」状態である、ということになる。この捉え方は、現代日本の普通の言語感覚からすると、かなり普通のものである。この言語感覚からすれば、「気づき（サティ、マインドフルネス）」とは何かと問われたなら、われわれの日常のありかたである無我状態を脱して、それを反省的自己意識のもとに置くことだ、もっと言えば、自己を反省的に捉える純粋自我を確立することだ、と説明してまずいところは何もないはずである。実際、

「サティ」や「マインドフルネス」を「自覚」と訳すことは決して誤りではないはずである。なんとなく仏教の無我の立場と矛盾してしまうような気がするという難点を除けば。

多くの仏教著述家の方々も、多くの瞑想指導者の方々も、この辻褄の合わなさを誤魔化しているか、見て見ぬふりをしていると言わざるをえない。気づきがある（マインドフルである）のに無我であることは、通常の言葉遣いでは語義矛盾なのだ、ということをである。（だから、禅宗関係者のなかに「気づき（サティ、マインドフルネス）」を非仏教的と見なす人がいるのも当然のことなのである。）

ここでこの確認を差し挟んだ理由は、先に提起された疑問に答えることがまた、ここで差し挟まれた確認事項に応答することにも通じる、と考えるからである。先に提出された疑問とは、だれでも「実際にはそれしか感じられない」「端的にそれしか存在しない」ということによって自分を識別しているなら、私はどうやってそのだれものうちから私を識別できているのだろうか、という問いであった。

答えは、なぜか端的にそれであることによってであり、それしかない。もちろん、だれもが端的にそれであることによって自己を識別しているのだが、言葉で語ればそれと重なってしまう（同じことをもういちど言うほかはなくなってしまう）にもかかわらず、そうした一般論を超えた事実がそこに存在していなければならないのだ。なぜなら、もし一般論だけでよいなら、私がまだ存在していない百年前の世界にもそれは成立していただろうし、私の死んだ後の世界にもそれは成立しているであろうからだ。だから、私が存在する期間には、そうした「だれも」についての一般論を超えた事実が成立していることになる。*

＊　このことを示すために、私はかつて〈私〉という表記法を使っており、藤田一照氏、山下良道氏との共著『〈仏教3・0〉を哲学する』（春秋社）では久しぶりに復活させている（通常、〈私〉は「山括弧のわたし」と読まれる）。また、この個所で述べていることを、私は最近、「自分とは何か——存在の孤独な祝祭」という十頁ほどの短い文章のなかで「存在の孤独な祝祭」という観点から説明しているので、それも参照していただけるとありがたい（『知のスクランブル』ちくま新書、および『哲学の密かな闘い』岩波現代文庫、所収）。

さて、成立しているそれはいったい何か。これに答えることは決してできない。そもそもそれはいかなる一般論でもないから、科学的に捉えることはできないし、だからといって客観性のある一回性の個的事実でもないから、歴史学的に捉えることもまたできない。〈私〉の存在は〈私〉自身にしか捉えられない。他の人から見ればその人は、その人の持つ諸属性によって他の人々から識別される一人の人にすぎないからである。

〈私〉の存在は、科学的であれ歴史学的であれ、この世界の客観的事実を超えた超越的な存在なのである。と、このように語るとき、それは（私が語っているからと言って）永井均のことを語っているのでもなければ、またもちろん一般的な自己意識としての「私」のことを語っているのでもない。実を言えば、それについて通常の言語で語ることはできないのである。だからじつは、ここでも語れていない。という意味では、実在してもいない。

そして、これが「真我」の真の意味であろう。バラモン教（やヒンドゥー教）の説くところによれば、それぞれの個我の世界である小宇宙は宇宙に遍在するその根本原理であるブラフマン（梵）と、通常は切り離されているのだが、アートマン（真我）という自分の真のあり方を自覚すれば、それと合一することができる。これは、世界にはたくさんの人間が並列的に存在し、それぞれに自我があるというような、通常の平板な世界解釈の内部でだけ理解しようとすれば、何やら神秘的なお話のように見える。しかし、そのような平板な世界解釈を超えて、端的な事実をありのままに捉えれば、むしろ端的な事実をありのままに語っているだけだ、と見ることもできるだろう。たくさんの個我たちのなかになぜか〈私〉が存在しているとは、つまり一人だけ世界（宇宙）そのものと合一している不可思議なものが存在しているということであり、じつのところはそうとしか捉えようがない（通常の平板な世界解釈では捉えられない）からである。そう捉えれば、「梵我一如」はむしろ単純で自明な事実にすぎないことになる。そのような捉え方によってしか、私はたくさんの人間のうちどれが私であるかを識別できないからである。

そして、この意味での真我はまた無我でもあらねばならない。なぜなら、それは本質的に属性を持たない空っぽの存在であって、そうでしかありえないからである。すなわち、それは必然的にだれでもなく、だれかであることができないからである。もしだれかとして（すなわち固有の属性を持った者として）捉えられてしまえば、そこには捉え間違えの可能性が生じてしまうが、そういう可能性は存在しないからだ。属性の違いによる識別は、ここではそもそも働いていない。だから〈私〉は、だれでもないどころか、何でもないのだ。しいていうなら、ただこれでしかない。それが何であるかは決してわからない。いやむしろ、それには何であるかがない。

　さらにまた、〈私〉は、科学的に捉えられる一般的事象でもなければ、歴史学的に捉えられる個的事実でもないのだから、この世界に実在してはいない。この世界に実在しているのは、属性の違いによって他の人々から識別される一人の人間（たとえば永井均氏という人物）だけである。彼が、彼だけが、なぜか〈私〉であるというあり方をしている、などという事実は、われわれの世界の中にはそもそも実在してはいないのだ。その意味で、〈私〉は、無我であるどころかむしろ端的に無である。

　もう一つ重要なことは、先ほど一人の人間のまとまった意識が成り立つために必ず必要だとされた（そしてそのことが仏教の無我説を脅かすとされた）統覚の働きもここではじつは必要がない、ということである。さまざまな心的要素の生滅を一つの形式で捉えて秩序づけ、まとまりをもった一つの意味のもとに統一するという働きは、必要ないのだ。そのようなものは存在しなくても、あるいは存在しなくなっても、〈私〉は存在できる。そもそもそうした取りまとめる働きが必要なのは他との混同が起きうるからこそなのだが、ここにはそもそもそういう可能性自体が最初からない（混同可能な他者が存在しない）からである。だから、取りまとめの働きなどなくても、ばらばらになってしまう心配などないのだ。森羅万象という意味での宇宙は一つしかありえないので、宇宙を一つにまとめている働きがあろうとなかろうと、そんなことには関係なく、つまり内容に関係なく、その宇宙であり続けることができるのと同じことである。

「私の、この苦い思い出と、この悲しみと、未来に対するこの恐怖と、……」の「私の」は、究極的には、反省意識の働きでもなければ、また統覚の働きでもない。そのように言語で語るときには——とりわけその「私」がだれであるかを知ったうえで——どちらも不可欠になるが、そうでなければどちらも要らない。そんなものは存在しなくても、〈私〉は〈私〉でありうる。

この意味での〈私〉はまた、当然のことながら、永遠不滅であるわけでもない。この議論をくわしくするためには、〈私〉と並行的に〈今〉の問題について論じなければならないが、ここではそれはできないので、詳細は省略して平板に表現してしまえば、むしろいわゆる刹那滅に近いともいえるだろう。すなわち、それは、今ある、関係なく、また今ある、関係なく、また今ある、……（だから正しくは「また」とも言えない）。それだけのことである。たとえそれぞれの内部に他の今とのつながりが（その内容として）存在したとしても、それは〈私〉であることとは無関係であるから、その存在は完全に離散的であることになる。

仏教も無我を主張した際には暗にこの種の問題を捉えたことがあったかもしれないが、たとえそうだとしても、先ほどのバラモン教の場合と同様、世界には複数の生き物が並列的に存在しそれぞれに自我がある（あるいはない）というような、平板な世界解釈の内部にそれを位置づけてしまったために、先ほどいくつか紹介したようなあまり意味のない主張に誤解（あるいは自己誤解）されてしまった、と解釈することができる。（私の見るところでは、超越的事実を平板な世界像の内部へ強引に位置づけることは、一般に宗教というもののもつ特性の一つなのだが、ここではその議論は省略せざるをえない。）

先ほど差し挟まれた確認事項のほうの問題に戻ろう。以上の考察を踏まえるなら、「気づき（サティ、マインドフルネス）」は反省的自己意識の働きだとはいえるが、反省する主体はだれでもない（いかなる属性も持たない）真我＝無我でなければならないことになるだろう。逆に言えば、仏教においては否定的に見られている、「気づき（サティ、マインドフルネス）」が欠けている放逸状態（いわゆるモンキーマインドの状態）とは、だれでもない（いかなる属性を持たない）真我＝無我が（仏教用語で言えば「五蓋」によって蓋をされて）発動せず、代わりに諸々の属性によって条件づけられた不純な自発性が勝手に発動している不透明な状態である、といえるだろう。諸々の執着と、それに基づく貪欲は、このことから生じる。先ほどは気づきがある（マインドフルである）のに無我であることは通常の言葉遣いでは語義矛盾だと言ったが、この見方からすればむしろ、気づきがある（マインドフルである）ためには無我であらざるをえないわけである。世界そのものと一致した、だれでもない私だけが、マインドフルでありうるからだ。

終わりに

以上述べたことを読んで理解しようとする方々のために、最後に一言。以上の内容は、世界の中に書き手と読み手が対等に並列的に存在するような、通常の平板な世界像を前提にしていないので、通常の文章のように、書き手が書いたことを読み手が読んでそのまま理解できるような形にはなっていない。「私はこう思いますが、みなさんもそう思いませんか？」と言える固定的な「そう」の内容が無いのだ。その無さこそがこの議論のポイントである。世界はそのような仕方では言えないような構造をじつはそなえているのである。だからこそ、われわれみなはこの世界から脱することができるのである。

読者の方々には、自分ではない筆者がこれを書いて、自分はそれを読んでいるということを忘れて、あたかも自分が（自分ひとりが！）これを思っているかのように、読んでもらわねばならない。そのような仕方でのみかろうじて通じることが、ここには書かれているからである。どうしてそのような仕方でしか通じないのか、というところまで、ここでは論じる余裕がなかった。そこをもっとくわしく知りたい方は、私の哲学上の諸著作を読んでいただくほかはない。

ともあれ、仏陀が梵天に説得されるまで他者に向かって教えを説こうとしなかったことも、「自己を拠り所とせよ」と説いたことも、構造上は同じ事態に由来しているはずだと、私は心ひそかに信じているのである。

本書は、二〇一七年五月から二〇一八年四月までWeb春秋に連載された「存在と意味――哲学探究II」（全一二回）に加筆修正を施し、『サンガジャパン』第二六号に掲載された「自我、真我、無我について」を付論として加え、さらに「はじめに」と「終章」を書き下ろしたものである。

著者
永 井　均　（ながい・ひとし）
1951 年生まれ。慶應義塾大学大学院文学研究科博士課程単位取得。信州大学人文学部教授、千葉大学文学部教授、日本大学文理学部教授を歴任。専攻は哲学・倫理学。著書に『存在と時間――哲学探究 1』（文藝春秋、2016 年）、『遺稿焼却問題――哲学日記 2014-2021』、『独自成類的人間――哲学日記 2014-2021』（ともにぷねうま舎、2022 年）、『哲学的洞察』（青土社、2022 年）、『独在性の矛は超越論的構成の盾を貫きうるか――哲学探究 3』（春秋社、2022 年）など。

世界の独在論的存在構造――哲学探究2

2018 年 8 月 15 日　第 1 刷発行
2024 年 3 月 10 日　第 3 刷発行

著者――――――永井　均
発行者――――――小林公二
発行所――――――株式会社 **春秋社**
〒 101-0021 東京都千代田区外神田 2-18-6
電話 03-3255-9611
振替 00180-6-24861
https://www.shunjusha.co.jp/
印刷・製本――――萩原印刷 株式会社
装丁――――――芦澤泰偉

Printed in Japan, Shunjusha
ISBN978-4-393-32379-3
定価はカバー等に表示してあります